# 大陽居風水秘典

继大師 著

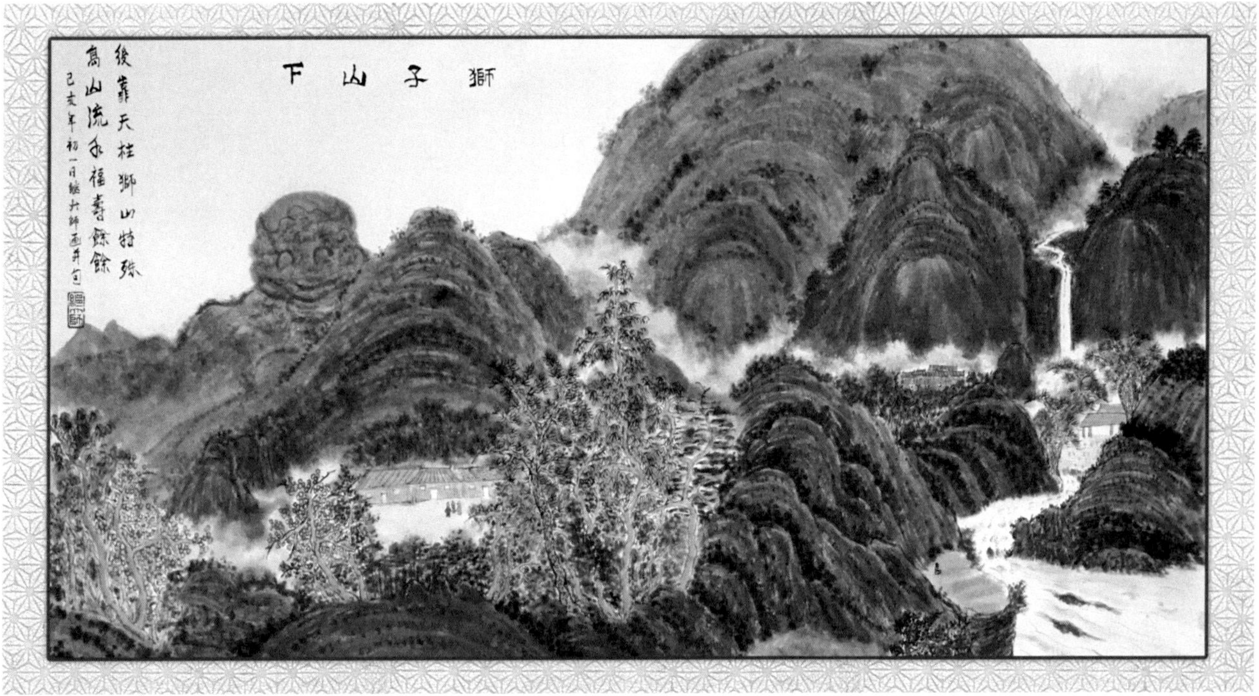
獅子山下
後靠天柱獅山特殊
高山流水福壽餘餘
己亥年初一日繼大師畫并題

# 目錄

## 《大陽居風水秘典》自序

繼大師

本書之寫作程序，並非依照文章目錄的編排，起初筆者於二〇〇〇年十月中開始，把已往曾考察過的地方寫下，其中有大都會城市、鄉村、市邑、圍門、拱門、祠堂、照壁、陽居種類、陽居開門法等風水文章，由於內容非常豐富，篇幅太多，其中有兩大主題，分別是「大都會整體結構」及「市鎮鄉村的風水佈局」。遂於二〇〇六年筆者繼大師再寫下多篇陽居風水文章，並加以整理，書名為：

### 《大陽居風水秘典》

此書是延續《大都會風水秘典》內未提及的風水知識，為求更加全面，特將〈都市垣局原理〉清楚解釋，細說其原則，述說〈陰陽二宅的福力比較〉及〈陽居三格〉等文章。此書第二部份是述說陽居之風水學理，包括：

地形選擇、陽居房屋種類、開門法、拱門、照壁及文昌塔樓的建設等。

此等陽居風水學問，大部份適用於鄉村內之平房屋、祠堂及廟宇等建築物，是屬於陽居中較為豪華式的風水設計，亦可用於權貴人士的官邸，這非一般的風水學問，內容眾多，不能盡錄。還有「水法」，在風水學上幾乎是失傳的東西，非三言兩語便能明白，若非遇上真明師，恐怕早已失傳，風水是活的，懂得運用，處處皆合也。

本書的最後部份加上〈日城、月城、八卦城——城市另類的設計〉、〈宗教廟宇風水與國家盛衰的關係〉、〈沙田梅子林村〉。將大陽居的風水理論以實例說明，是為學以致用。

為能使讀者更能明瞭，筆者自繪立體插圖於部份文章之後，並附上多年來自拍的相片，選擇其精要部份登出。全書在各章之中最花時間者，就是〈照壁之作用及功能〉一文內之照片，是可遇不可求，幾經辛苦，始能拍攝下來，極為艱辛之作。

此《大陽居風水秘典》，並非與陰宅祖墳風水學理分開，而是息息相關，在點取穴地方面，是完全相同，只不過結穴地方小則是陰宅祖墳結地，結穴地方寬濶廣大，則是陽居結地，放大千萬倍的結地，就是一個大都會城市。故點地功夫要得其証穴的方法，更要觀察地形、山勢、水流、湖泊等所有地物。若要研究大陽宅風水，一定要將整個地形山勢清楚掌握，並且瞭如指掌，能善觀山水之情，吉凶定能明白。

在明、繆希雍先生所著**《葬經翼》**（集文書局印行第6頁）（註）之**《自序》**一文中，有如此之說：

**「馴至今時。盲師橫議。正義滋隱。崇飾方位。雜以天星。非分推求。妄加拘忌。於是形家之學廢。而山川之本失。」**

繆希雍地師又在**《葬經翼》**——〈原勢篇一〉（集文書局印行第頁）有云：

**「經曰。占山之法。勢為難。斯言盡之已。善觀山水者。審其長短而知衰旺。善辨衰旺者。問發源之水遠近濶狹而知。山力之大小兼能鑒氣辨色。」**

筆者繼大師以為現今之人始重視風水理氣（方位及方向之羅盤學問）而忽視形勢之功夫，原來明代亦一樣大有其人，而繆希雍地師著文辨之，力陳風水形勢之學為首要，觀山水形勢便知吉凶衰旺。

此書以巒頭形勢為主，闡揚大都市垣局、鄉村、陽居結地等風水學問，細節的風水則是祠堂、寺廟、教堂及各官員的官邸。所以風水之道，巒頭形勢為主導，方位理氣為輔助，兩者互相配合，是為風水之真道也。話雖如此，但在一大片平地上的風水佈局，又全賴理氣及水流為主導，是為理氣與巒頭在配合上之陰陽也。

願仁人君子，有意學風水者，人手一冊，努力鑽研，定能在風水上得出一些端倪。祈望此書能保家衛國。寫一偈曰：

天機秘法　智者不惑
衛國保家　久能証達

繼大師寫於二〇〇二年七月十六日
于香港明性洞天
二〇一〇年十月十七日修正

註：《葬經翼》全名《葬經翼、葬經翼箋注合編》青烏子著、明繆希雍撰，集文書局印行，錄自第六頁及第十一頁。一九八五年三月出版。

## （一）都市垣局釋義

繼大師

在《地理人子須知》乾坤版第36至46頁，詳述中國歷代多個首都，如北京、南京、咸陽、長安、杭州臨安……多不勝數。若研究城市都會的風水結作，可以到這些地方勘察，測量其方向、地形、地勢、大局……等，再用GPS衛星定位，在網上用「谷歌」（Google）或高德作高空勘察，定會有所發現。

唐、楊筠松地師所著《撼龍經》內有《垣局篇》經後人修改，令章法凌亂，幸有民初廖平地師重新編定，以《撼龍經》內的《經、傳、說》取出《垣局篇》，順序編排，是歷代中較為完整的城市風水著作。

《垣局篇》首兩段均論述垣局之形勢，以中國古都洛陽、長安（今西安南側）燕京（北京）、南京（臨安）、天津……等首都為例，其中有論述山川地勢、九星山形、垣局之種類……等等。讀者們若細心閱讀，定知楊公所說的星宿名諱，並非說天上之星名，而是以星宿之借喻，說出整個城市之真實形勢。

楊公又提出垣局之名稱，有：

**「天市垣局、紫微垣局、太微垣局、少微垣局、天苑垣局、天園垣局。」**

參照古籍**《天文列象之圖》《四垣列宿》**所說，（見《地理人子須知》〈卷七下〉—〈原天星〉乾坤出版社，第426頁。）

筆者繼大師得知一個罕為人所知的秘密，今公開如下：

（一）紫微垣局 ── 乾、坤父母天元垣局 ── 背靠北斗七星及「斗木獬、牛金牛、女土蝠、虛日鼠、危月燕、室火豬、壁水㺄」等「玄武七星」。

（二）天市垣局 ── 震、巽天元垣局

（三）少微垣局 ── 坎、離人元垣局

（四）太微垣局 ── 艮、兌地元垣局

這說法是一般的地形的方位及方向，包括水流等，亦要視乎領導者的官邸地方是否真有結地。

《地理人子須知》在其中三個垣局之地形圖側，畫上天星之圖，這樣給人有一種錯覺，就是要看天上星宿位置，尋找地上城市垣局；

紫微垣局圖

試觀古今經典之堪輿書籍，除上述由楊公所著《垣局篇》及蔣大鴻先師著《天元歌》、《天元餘義》之外，很少見過一本書能夠有見地的論述垣局之解說，垣局真正的面紗尚未完全揭開。

又有一些地師，將楊公之用語，如「天乙、太乙、上相、上將、華蓋三台、輔弼。」等一大堆名詞搬出，但並沒有解說是什麼東西，使學風水地理之人對垣局之說，如墮五里雲霧之中，所以垣局之說，頓成疑團。

筆者繼大師現解釋垣局之義如下：以山崗龍而言，所有垣局都有其共同點，一大片土地上，無論是長方形（木形）、圓形（金形）、正方形（土形）、稜形（水形）、三角形（火形）等地形，其週邊處，必然是群山環繞，中有兩水相交，一主流，一次流，為小水交大水。垣局是三閉一空，三閉者，是三面有群山大嶂所阻隔，一面是略低之山丘，或是流水所流走之地方，這是第一種垣局，如福州市、贛州市、廣州市、汕頭市……便是。

第二種是兩面有高山相夾，中有很多河流穿過其中，而河流灣環擁抱，或水流夾造出如「之」字形地勢，水流兩旁是平地，水流或由左來交滙，流過垣局中間而由右方出大海，或水流由右來，流經中間向左方出大海，換句話説，前後是山群環繞，中間一大片平地，便是城市垣局中心。

若第二種垣局，前後兩面是山群，中間相夾出「之」字形大海流的地勢，海水連接內陸出水之河流，一方接其來水水流，一方是去水水流，亦同時中間之大海受潮脹潮退而有短暫性之左右擺動，大海之前後是群山，山與海之間是平地，近其中一岸邊處有小島關攔，城市結其中，如三藩市，中心有金銀島（Treasure Island）作關攔。

第三種是一面群山，一面是海，群山處是內陸，城市有大嶂山脈橫放為靠山，左右有脈伸出抱拱，中間地方略緩，前面是大海，城市築在中間略緩的大片平坡地上，筆者繼大師認為若山群與大海之間的地方是一大片平地，則城市垣局便在平地上，通常這種城市垣局之結作較為細小，如摩納哥（MONACO）、尼斯（NICE）、馬賽（MARSEILLE）等地。

此種地勢所結的城市，只看潮水脹退，及城市的大方向，並不甚為興旺，原因是，它欠缺了一樣東西，就是城市的前方海上沒有出現橫攔的島嶼作為城市的案山，故生氣不能長久凝聚，遇上乘旺之元運則發一陣子，若元運過氣則不見突然衰敗，因為城市在海邊，海的範圍大，其衰旺方位皆有。

缺乏橫攔案山島嶼的摩納哥（MONACO）

在平崗龍結作之垣局中，以長方形垣局最為普遍，有些像長方形，但非完全長方形，而長形垣局中，以一面有較高的群山為靠，相對的一方有群山圍着城市而作垣局，這稱為「羅城」。垣局中，以後方靠北之一方為大山群則最佳。楊公說：「北辰一星天中尊。」

地球以北極之靈氣最強，地球三分二之靈氣由北極而南下，三分之一之靈氣由南極而至北，觀世界所有發達之國家，多位於地球之北面，地球自轉時，南北兩極不動，而地球兩極傾斜23度半，故在環繞太陽公轉時而產生四季，天象影響天氣之變化。

在中國版圖上，黃河在中國之北方，其河道之形狀，恰如天上北斗七星在相連後之形狀，故此有：「在天成象。在地成形。」之說，而黃河之出水口在山東，筆者繼大師認為山東是黃河流域將盡之逆水砂。故楊公說：「自古聖人生於魯。」魯即山東也，孔子及諸葛孔明生於魯。

因黃河象北斗七星，七星之端在山東，而長江河域是橫跨整個中國，它由西至東，末於上海之崇明島，故古代在「天文列象之圖」上以「天漢」稱之（可參閱《地理人子須知》〈卷七下〉〈天星〉，乾坤出版社印行，第426頁。）在《珍藏古本堪輿秘笈奇書》**《卷之一》《理氣心印內傳》**第108頁，載有九星圖，內有九星名諱，即是：**「天樞、天璇、天璣、天權、天衡、闓陽、瑤光、左輔、右弼。」**

若將中國黃河之路綫形狀相比，兩者極之相似，茲繪圖如下：

**黃河路綫圖**

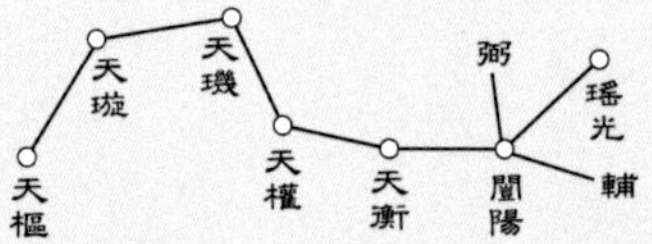

**九星圖**

**九星配八宮圖**

楊筠松著《撼龍經》之《垣局篇》，其開始所論說之天星名諱，皆出自《漢史、遷天官書》，其中曰：

「中宮天極星。其一明者。紫微之宮。太乙帝居也。旁三星曰三公。後四星曰輔。又一星曰后妃。環之匡衛十二星。曰潘臣。紫微宮前直斗口三星。曰太乙。左三星曰天槍。右四星曰天格。後六星曰絕漢。抵營室曰閣道。又北星曰三台。東北四星出其間者曰天市。中六星曰市樓。市中衆星為泉貨。紫微宮南有太微。曰三光之庭。匡衛十二星曰藩臣。西將。東相。南四星執法。中端門。門左右掖門。門內六星。五諸侯。中五星大。曰五帝座。後聚十五星曰郎。位旁大星。將依也。……」

此段**《天官書》**將方位劃分四位，即四垣局，分為：**「太微、少微、天市、紫微。」**每一垣又以它為中心，每一垣週邊又分東南西北前後之星垣。楊公所說之垣局，除有此星宿之名諱外，又加插了九星之名去形容山峰之形狀，是：**「金圓、木長、水曲、火尖、土方。」**等五星而再分出九星，以天上九星名諱套入其中，使易於辨認，筆者繼大師認為楊公以「御溝」去形容水流，其水流屈曲抱城垣而在中間流過，又以城垣中之「得水為上」。

**城市垣局 (一)**

總括所述，一個大城市垣局結作之條件筆者繼大師解釋如下：

（一）來龍後方是一大群山脈群峰峻嶺，以三台、華蓋命名，又以北方來龍為最好，所以帝都（首都）在北半球以坐北向南之子午坐向為最佳，卦運長久，後靠北方最極之處，是北極一點，地球雖自轉，但北極點是不動地，靠最強之極點也。

城市垣局 (二)

中國秦嶺山脈以北又有黃河，以北斗七星為天象，故九天玄女曰：

**「天有象。地有形。上下相須而成一體。」**

又謂：**「天光下臨。地德上載。」**

因山川地勢不一，有些象禽鳥、走獸、物件不等，故又以廿八星宿之形像配合穴地，故九天玄女云：

**「天列星宿。地分州域。收天禽。步地獸。」**

（二）城市三面環山，一面略低，為出水口，水流出處，千山環拱，水流抱城，均欲不想離去，或有水流在城市一面略低方流來，此是最好不過之地方，均是逆水之城市，中國近海之城市，多是在大河流之出口處，河流愈長，則發得愈旺愈久，如上海居於長江出口。故楊公說：

**「抱城屈曲中間流。**（指水流）**」**又說：**「千山萬水皆入朝。入到懷中九回曲。」**故黃河流至山西省 — 永濟縣 — 西蒲州結有「河曲」市，為天市格局。

皆指城市垣局以**「得水為上」**為首要條件，如上海市，以黃埔江長113公里來水，到上海市中心，有蘇州河滙入，筆者繼大師認為就是**「兩水相交不用砂」**的寫照。它再流入東北方之崇明島旁邊，表面看去，是黃埔江水走，其實是逆收長江大江之水氣，平洋地結作之垣局，全看水流，大水交小水，始得生氣。

香港是山崗結作都市之垣局，山川及水流盡結之地，珠江、東江、北江等水流，經虎門滙入伶仃洋，大嶼山為珠江之逆水砂，再經汲水門流入港島，部份水氣由大嶼山去西環，中環、西環逆收流水，經維多利亞港出鯉魚門而流去將軍澳佛堂門及柴灣。

中國南方有西江、東江、北江、珠江，除了西江之外，眾水流交滙，然後出虎門，其衝力特猛，故帶煞，蛇口、伶仃島、大嶼山為擋砂，將水流減慢，煞氣已經減少，最純之水氣，便在中環，大水水流流來，先是沖力猛而帶煞，再灣曲而去，則沖力減慢而將煞氣轉化，水流再去而有槎枒，（繼大師註：灣曲停蓄處。）便是水流生氣最純之處，故垣局以得水為上。但現時（2020年）港珠澳大橋已經建成，（繼大師註：港珠澳大橋於2018年10月24日上午9時通車。）筆者繼大師認為大橋把出水口的水流全部攔截，香港的財運被關截，而珠海、廣州、深圳、中山一帶等地便興旺起來，大灣區應運而生，通車後八個月，香港便發生動亂事件，接著又是武漢肺炎瘟疫，大大破壞了香港的經濟，真是香港人的命運啊！

（三）城市垣局內，要有不高之山丘在其中，以來龍方為靠，為山群脈氣最盛之方，再以左右山群在兩傍關鎖，垣內之山丘，全朝向來龍群山之方，來龍相對之方是出水口方，是垣局中略低處，這略低外圍之山，若出現在左右，稱之為「左右執法」，或「左右披門」，以表示守護着城市內垣局的山峰。

以來龍方為垣局之靠山方，其左右羅列之山群，稱之為「輔、將、相」等名，再以「上、少、次」之名加上，如「上衛、少衛、次相」等，其實就是指護衛着城市垣局來龍之左右（青龍、白虎）二方之山峰群。

至於在垣局城市內之小山丘，其實就是使垣局內再形成一個地局，可以說是垣局中之小垣局，而小垣局中，可結出陽宅或陰宅之穴地，垣局中之陽宅結地，亦有大小之分。以整個大垣局中來龍方近中間處最為佳。筆者繼大師認為這就是陽居結穴，這穴要在小垣局之中心，內有山丘作靠山、龍虎及朝案，而小垣局又在整個大垣局中心略後之位置，是為「穴中穴」，這穴中穴，就是分辨垣局大小關鍵之處，古人稱之為「帝座」。

筆者繼大師現解釋「帝座」之原理如下：「小垣局中最聚氣之結穴處，小垣局又是在大垣局最中心結聚之處。」故古人以「紫微垣」地局為帝都所在處，以此垣局建都立國，其首要條件就是坐北向南，則氣運長久，要聚氣，更要得水為上，是極之難點取之穴中穴。

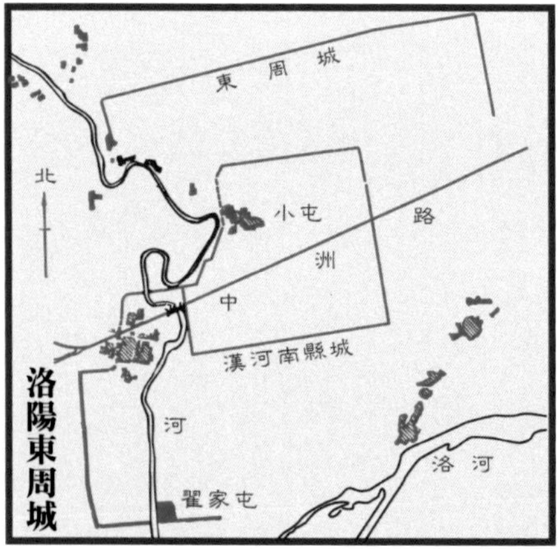

洛陽東周城

北京紫禁城

在歷史上之西周時代，武王打敗商軍後，他回到鎬京（繼大師註：今在西安之西南。）對周公姬旦說：**「我南望嵩山，北看太行，後有黃河**（繼大師註：黃河像北斗七星之天象。）**前臨伊洛。**（註）伊河全長 368 公里，洛河與伊河相夾而結洛陽市，洛龍區為正中心位置，大局為子山午向，龍門石窟在其南方午位，側有龍門鎮。

洛陽正是建都最好之處。第二年，周武王逝世，由周成王主政(B.C. 1055-1020)，並遷都洛陽，就是東周王城之地，故楊公在**《垣局篇》**內云：**「周召到此觀天象。**（繼大師註：指東周洛陽城。）**上了南岡望北岡。聖人卜宅分陰陽。北岡峙立天門上。分作長垣在兩傍。垣上兩邊十五個。兩垣夾帝中央坐。要識垣中有帝星。皇都坐定甚分明。」**

古人選擇首都必是坐北向南，子山午向，而帝都靠北方山脈，必是大山大嶺，是千里來龍之盡處，然後自成一個廣大垣局，東西方之羅城山脈，必須有綿綿無盡之山重重護衛，是為左右輔弼星，前朝有很多小山丘在垣局內，且自成一個大垣局中之小垣局。

在現在來說，就是首都範圍內中心衛星城市，垣局之外要有羅城朝山，筆者繼大師以北方來龍為例，則對面極遠之羅城是千重山脈橫班排列，亦如千個官員低頭朝向北方垣局內之帝座，而朝山千重，近朝之山要比北方垣局之來龍靠山為低，但遠朝之山要高聳，這樣便有賓主之分。

朝山與垣局羅城之間，要有大河流水，流水最好拱抱垣局，順勢環抱朝拱，或有大水流入來朝，來水要明要大，去水要暗，又要「之玄」一屈曲，垣局中間，又有水流橫抱帝座而流過平地垣局屈曲而去，這樣垣局中之生氣更凝聚，元運愈長久。

**北京紫禁城 - 景山**

垣局之南端兩傍，最好有特高之山峰，兀立在兩傍，在南方兩端，朝向北方之帝座，是為「桿門、華表」，為帝座所用，楊公稱之為「執法星」，或為「披門星」，有守護垣局之作用。

垣局北方之山，楊公稱為「華蓋三台」，左右之山稱為「衛星、輔弼」，如垣局中之近侍護衛，正如楊公說：**「凡入皇都辨垣局。重重圍繞八九重。九重之外尤重複。……華蓋三台前後衛。中有過水名御溝……東華西華門水橫。水外四圍立峰位。此是垣前執法星。卻分左右為兵衛。……」**

這樣之大垣局，筆者繼大師認為這就可以稱之為「紫微垣局」中之帝座，是垣局中之心中心，帝座之南方，至垣局之南端，其中出現之小山丘，稱之為「明堂山」，南端之略低出水口處，是整個垣局的去水口（繼大師註：一般是出水口，有時是來水口。）。

有山左右抱入，前後交牙，交牙水即是水流作「之」字形出，或是垣局口之山脈順弓環抱朝拱垣局。便是楊公所說的：

**「鉤鈴垂腳向垣口。」**

這「鉤鈴」之山脈，有凝聚生氣之作用，若是垣局之出水口，多作禽形、獸形不等。若「鉤鈴」之外有水流流入，繞經垣局，由南向北流，或在垣局之左方，或在右方，經過整個垣局，繞過垣局北方之後靠山而出，不見去水口，此水則名「御溝」，而流水見來不見去，則這垣局便是逆水局，但要視乎水流之大小、長度及流量等，如洛陽南方的伊水由龍門入洛陽城，洛陽逆收伊水。（繼大師註：伊河全長 368 公里，流域面積 6100 多平方公里。）

垣局水口

原則上，紫微垣局，除具備有帝座及兜收逆水之外，筆者繼大師解釋其最重要的是：

（一）有千里來龍，靠山高而多重，這會蔭出壽元及權力的，而逆水之大小，會剋應財富之大小。

（二）左右輔弼山群亦數十重，則極貴也。

楊公指出，洛陽是紫微垣局，但現在隨着地球天氣之變化、人為之破壞、水流河道之改變，地勢或許不如從前，且地運已過，而未來地運亦難預計，故地學之道，深不可測，亦是不可思議難思議！

至於「太微垣局」之地勢，除與紫微局大致相同外，其位置在紫微垣的南方，其中最大分別，就是太微垣局之流水很奇特，水流在來龍處之左方或右方而來，沿着垣局邊近護衛山群處流出，去至垣局之前端，然後橫繞過另一邊之護衛山群，再沿另一邊之護山倒流回到來龍後方，由另一方而流走，其流水是正長方形，其垣局亦相同，其垣局為坐南向北。

故楊公云：**「方正之垣號太微。橫城水繞太微勢。東華西華門水橫。」**

第二點，太微垣局與紫微垣局最大分別的地方，就是太微垣局內所結陽居穴地，它並非在整個垣局之中心，亦並非在垣局中最有利的位置，例如得穴不得水，或得穴而欠缺護砂，總之是有缺陷，又或太微垣局中並沒有一處較好的陽居結地。

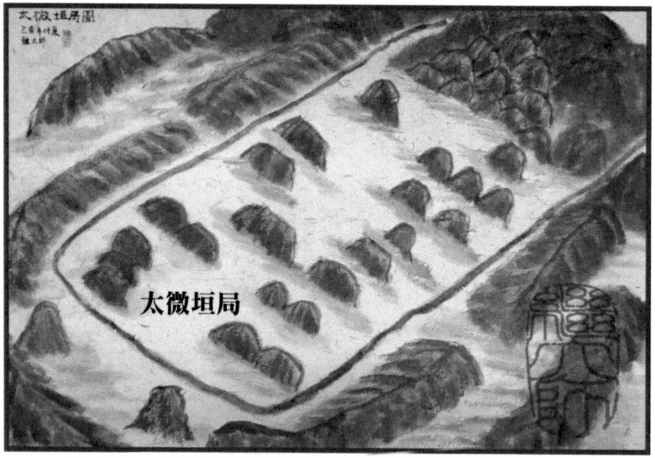


這就是：

**紫微垣局——有得位之帝座**

**太微垣局——有不得位或沒有帝座**

故楊公云：**「要識垣中有帝星。皇都坐定甚分明。」**

在垣局中，又有天市垣局，此除了垣局應有之條件外，它有一些特點，筆者繼大師認為就是：

在一大片垣局地形上，雖三閉一略空，四週羅城山脈環繞，但在

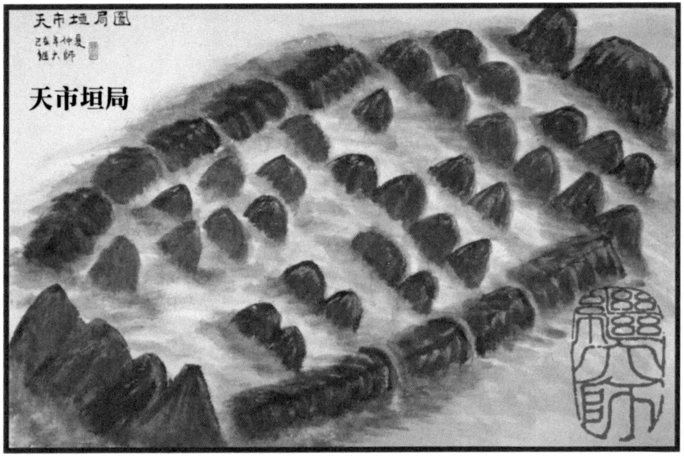


四週羅城山脈中，它分別有四個入口，可以說是缺口，而缺口之外圍，亦有山群補缺，但此四缺口，正是垣局中之門，生氣從此四門入垣局內，是**「四水歸源。百源來聚。」**之格局。

但一大片垣局城內之平地，亦出現不少山丘，山丘之排例，與紫微垣局相若，最好亦是千里來龍，護衛之山數十重，來水多，去水少，水氣歸聚於帝座對面遠處與羅城間之明堂，朝山亦有重重關闌。

楊公云：**「垣有四門號天市。……天市太微少全局。……百源來聚天市垣。」**

又說：**「河中河曲皆天市。」**（繼大師註：「河曲」指黃河千里一曲之義，河曲市，今之山西省，永濟縣，西蒲州。）

又說：**「燕山最高象天市。天津碣石轉抱縈。」**（繼大師註：燕山指北京，碣石在今之河北省，昌黎之西北，碣石有約二十多公里長的山脈，由北向南而行，由北面之茶棚鄉至南面之昌黎縣，為北京以東約二百多公里的青龍山脈，因山頂有巨石特出，形如柱，故名「碣石」。）

在河北省之東北方，有灤河（灤音聯）自內蒙古近多倫市而來，在燕山之後方環繞，向東南方之渤海而出，經唐山市與昌黎中間而行；而另一水流是永定河，有干河、洋河滙入永定河，經北京市，至天津，與子牙河相滙，入於海河而出渤海，這灤河（灤音聯）與海河接永定河，正是兩水一同流出入渤海，北京市就在其中，且海河接永定河，正是轉抱北京市。

觀此河流，與楊公之語吻合，且更有很多支流、分流、小河流滙入，故楊公說：**「百源來聚天市垣。」**這是指北京市之垣局。據筆者繼大師所知景山是紫禁皇城在平地一突上之靠山，後接以北40公里之軍都山、燕山群峰之來龍，白虎方有河水引入北海、中海、南海，此即水止氣止。

紫禁城遠處之白虎方，以定軍山為夾耳峰，又有綿綿不絕之西山、太行山。北京城坐子向午，大卦卦運，水走東南方之巽宮，即天津市而至渤海灣，是一個典型之格局，只可惜北京城缺乏青龍山脈來守護。以上的佈局，據筆者繼大師所知應該是人工修造出來的，據說是明朝國師劉伯温用人工開鑿中南海，把掘出來的泥土，堆積成景山，以作紫禁城的靠山。

北京紫禁城，其青龍方之山脈欠缺，至豐潤、唐山、昌黎及秦皇島市一帶始有山脈，而廖公形容天市垣局說：

**「天市垣星二十二。名參國與地。國地中間有四門。東西南北分眾水。分流來此聚。大河在東注。帝座居北市。樓南垣局總為祥。」**

而這「帝座居北市」，正是北京紫禁皇城之地。不過所結之地形，屬平陽地，地脈在平地中行，兩大水界着，地氣寬厚。

垣局中有天園垣局，其特點是，城垣中有一水流抱着屈曲而行。

垣局中亦有天苑，楊公指是關中，關中之地，相當於今陝西省近西安市，在隴關與函關之中間，故稱關中，而天苑之垣局，城中並無水流流過，可參考西安市地圖。

垣局中有少微垣局，但見出現在天星星圖上，卻不見於楊公之著作中，《地理人子須知》內亦沒有垣局之形勢圖，故不能得知；但是，在廿四山位所主之天星圖中，「酉」山為「少微垣」。

筆者繼大師現列出廿四山所屬天星如下：

壬山——天輔星
子山——天壘星
癸山——天漢星
丑山——天廚星
艮山——天市垣
寅山——天構星（天構垣）
甲山——天妃星
卯山——陽衡星
乙山——天官星
辰山——天罡星
巽山——陽旋星
巳山——天屏星
丙山——太微垣
午山——陽權星
丁山——南極星
未山——天常星
坤山——天鉞星
申山——天關星
庚山——天皇星
酉山——少微垣
辛山——陰旋星
戌山——天魁星
乾山——陽機星
亥山——天皇垣——紫微垣

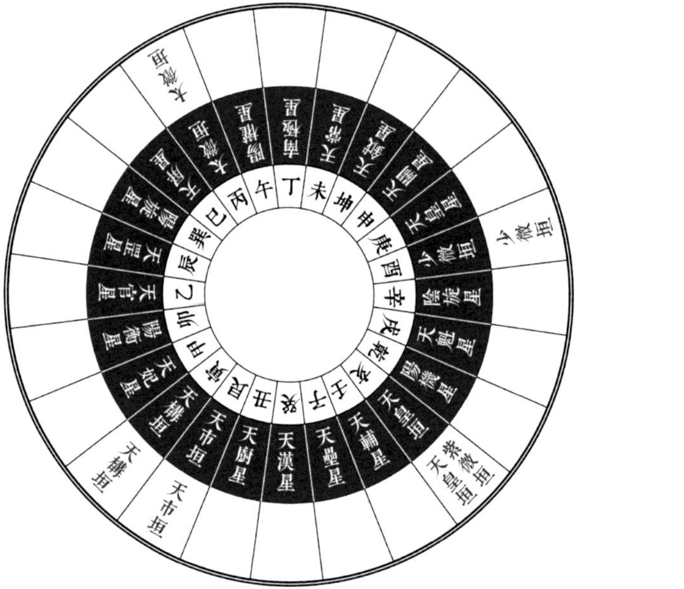

**二十四山所主之天星圖**
**繼大師撰**
**己亥季冬**

在廿四山天星之中，只有四個垣星，就是「酉山少微垣」，「亥山天皇垣」，「艮山天市垣」，「丙山太微垣」。其餘全是天星名稱，而香港之垣局，以舊港督府是坤山艮向，再配合整個垣局，理應是天市垣，水口走辰巽方，方位全是四隅向度，雖舊港督府是陽居結地，可稱得上是香港的帝座，因向艮而逆收珠江及三江滙入伶仃洋之水氣，而靠山只有太平山，雖「千里來龍」，但無皇者之象，而珠江水源自雲南近昆明處，其中又有多支水流滙入，河流長達 2214 公里，全年流水量達 3338 億立方米，僅次於長江，收逆水而發富，故為經濟中心。

茲列出全中國主要河流簡表如下：

| 每年流量(億立方米) | 河長(公里) | 流域面積(平方公里) | 江名 |
|---|---|---|---|
| 9513 | 6300 | 1808500 | 長江 |
| 661 | 5464 | 752443 | 黃河 |
| 762 | 2308 | 557180 | 松花江 |
| 3338 | 2214 | 453690 | 珠江 |
| 148 | 1390 | 228960 | 遼河 |
| 228 | 1090 | 263631 | 海河 |
| 662 | 1000 | 269283 | 淮河 |

垣局當中，筆者繼大師認為楊公所說的是：

**太微垣——方正之垣，橫城水遶。**

**天市垣——垣有四門，百源來聚。**

**紫微垣——後有華蓋三台，前後有門，中有過水名「御溝」。**

**天園垣——垣內有一水抱曲。**

**天苑垣——垣內無潤，卻有大水環三邊。**

垣局中亦有圓形，如安徽桐城，中國唯一的圓形城市，取天象如太陽。若半月形之垣局，頭尾略窄，則是天象如月亮。

在新疆吐魯番以西二十公里處，有一古城，名「交河故城」，城建在一個長條形河床高台之上，上游有雜勒雜木、馬恰、阿斯克瓦克三條河交滙處，交河故城，其形如一把短小之匕首，

**安徽桐城**

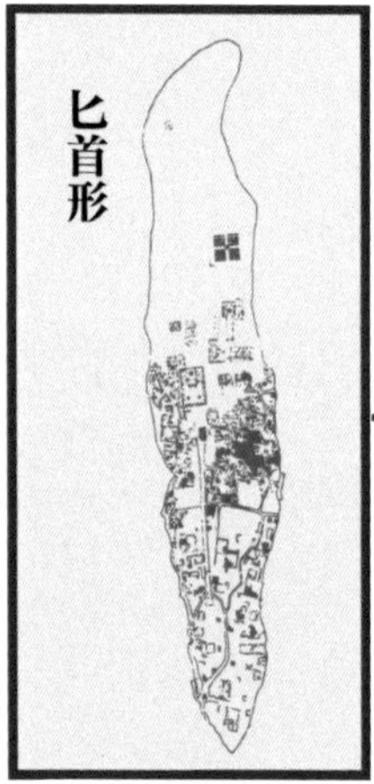

匕首形

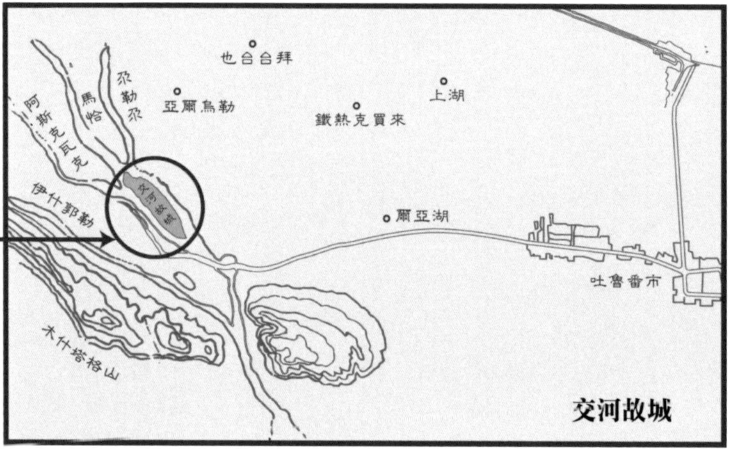

交河故城

城以水流為界，新疆人常攜帶匕首隨身，相信與此有關。故此城能蔭生凶頑之人，是以有城垣之條件，象物之應，出人亦相應之，只可惜天氣乾燥，少雨，山頑無情，出人如是。

綜合垣局之地，首選者是紫微垣局，楊公說：**「此龍不許時人識。識得之時不用藏。留與皇朝鎮家國。」**

故此紫微垣局之首都城市，筆者繼大師再述其特點是：

**（一）千里來龍，垣中有帝座，有水繞環抱。**

**（二）四週九重城，城外又有重重山群環抱。又有千山萬水來朝。**

**（三）子山午向，去水口重重，欲去卻留，來水多，去水少而不見。或有大水流千里而來，垣局能逆收之。**

垣城之局，一般人不易明白，但得明師真傳，更要實地考察，因不易明，故有天機之不可說，垣局之難，不可盡言，這關乎國運、共業、元運……

筆者繼大師有感而發，寫一偈曰：

垣局之說真天機
古今幾人能通達
楊公解說垣局篇
說出星垣解疑惑

繼大師註：洛陽前方有洛水及伊水由西向東相夾。洛河是黃河其中一條支流，原作「雒水」（雒音洛），發源於華山的西南部陝西省洛南縣之西北洛源鎮，向東流入河南，於河南鞏義入黃河，全長共420公里。洛河兩旁結有很多市鎮及與水庫相連，由西面起有盧氏縣、故縣水庫、故縣鄉、洛寧縣、三鄉鎮、韓城鎮、柳泉鎮、宜陽縣、尋村鎮、辛店鎮、豐李鎮、徐家營，然後結洛陽市。

洛陽市之南有伊水，伊河是中國黃河南岸洛水支流之一，發源於河南省洛陽市欒川縣（欒音聯）陶灣鎮，流經嵩縣、伊川，穿伊闕經龍門而入洛陽，當年大禹治水，將龍門山脈鑿穿，引伊水入洛陽，伊水全長368公里，由西南流向東北，至岳灘鎮之西，偃師市之南，與洛水匯合成伊洛河，經鞏義、河洛鎮、石窟寺北去流入黃河。

## 城市垣局 (五)

河洛鎮之東北約17公里處，剛好有温縣城，城之東面約5公里處有陳溝村，原名常陽村，現名「陳家溝」。明朝洪武年間，山西澤州人陳卜遷至該村，因村中有一條南北走向的深溝，隨陳氏人丁繁衍，該村因此更名為「陳家溝」。因為黃河與洛河交匯，《易經》出自於河圖及洛書，孕育出太極陰陽文化，稱為太極之鄉，這裡誕生了風靡世界的武術宗師的師父。

楊露禪曾在陳家溝之陳德瑚家為中為僮僕，偷學太極拳後被發覺，幾經辛苦之後，始能拜陳正興宗師為師父，學了18年，後在京城打遍無敵手，被人們稱為楊無敵，後來楊露禪成為太極拳之一代宗師。陳家溝被認定為太極拳之發源地，因為是逆收黃河、伊水及洛水之故，加上有南北水溝，西北方又有拳頭砂，剋應了出太極拳之一代宗師，這是巒頭形勢及理氣配合之故。

《本篇完》

## （二）城市在風水規劃上的原則

繼大師

一個城市，由少數人居住，以致人口愈住愈興旺，必有該城市的環境條件、政治因素、地利及風水，關係到：

天時 —— 城市的天氣（温度、降雨量、風暴等）世界之大氣候對該城市之影響。

地利 —— 城市位置、地勢、山川、河流等，所形成的風水地理。

人和 —— 城市所屬國家的宗教、文化、城市中的人民風氣等。

若三者良好，城市必然興旺，在地理風水而言，每一個地方，都是天生自然，用人為方法去改造是極為有限，但若能將真正中國古代風水之學理付諸於實踐，或多或少，能符合吉祥風水的城市，必然先進發達，甚至富強，人民生活安樂，而地靈人傑，對國運亦有一定的影響。

三閉一空的城市

筆者繼大師現舉出八點關於符合大陽宅好風水之原則如下：

（一）城市要三閉一空，三閉是三面環山，且山巒無盡，重重山群在三面環繞，愈是多重，則地氣愈是旺盛，三面環繞之中心，是一片大平地，平地上有水流經過，且「之玄」屈曲，水流源遠流長，平地上出現大湖，或城

首長官邸

市中間是大海等，兩岸群山相對，水上又有長形矮小島嶼出現，大小比例可以三比一，或二比一不等，即三份長而一份濶，小島成為城市的前朝案山。

（二）三閉一空之城市，其一空之方要略低，在略低之處，是眾水流流出之口，或大海潮水漲退之出入口，其水口形勢要屈曲，在水口外圍週邊地域，有很多大大小小的海島出現，在城市內大部份地區不見出水口，而來水一方要明、要濶、能看得見，或是大江大河之來水口，城市內之三面環山處，最好接着來水，像布袋形一樣，入多出少，或不見出水口，這樣山環水抱之大平地作為城市中心區，正符合吉祥風水的原則。

（三）城市之首長、政府主腦人物，政府要員、城市行政首腦、管理人員、經濟首長、軍事防衛首長、法律、教育、科技、醫學、警政、訓練場地等，其官員之住宅及辦公室 ，均要建在陽宅結地上，能得到地脈之氣則最理想。

（四）城市中之神廟、佛寺、道觀、教堂、宗教活動地方，最好能全部建在陽居結地上，人民有宗教自由，其敬拜的地方，若能得到地氣，自然興盛，對該城市國家必能起到一種宗教文化信仰的作用，社會自然多些祥和之氣。

佛寺結地

（五）人民之祖先英烈、民族先軀、人民英雄的英烈祠、地方偉人紀念堂、人民祠堂、公祠、家祠、英雄紀念碑，最好能建在有地氣的地方上。

（六）凡對國家人民有貢獻之組織團體、民間慈善團體機構、個人大慈善家等，其辦公地方及居住地方，最好能建在陽居結穴上，能得到地氣之福蔭，回饋社會的慈善事業，必能幫助社會低階層人士，社會更能得到和諧。

（七）民間公共墳場，或官方墳場，或宗教界之墳場，或放骨、放棺、放骨灰的庵堂、廟寺等地方，最好能建在有地脈流經之地，縱使不在結地穴上，也能夠放在有地氣的地脈上，其建設要符合吉祥風水原則。

（八）社會上各大公營機構之總部，各大公司最好能符合良好的風水，能得到地氣，這對整個社會各界人士都有好處。

以上八大點是基本風水原則，雖然基本，但能夠做到，真是極之困難，可遇不可求，而所謂建在符合吉祥風水原則的地方，除得地氣外，還要符合下列各點，筆者繼大師述說如下：

（一）有靠山，建築物後方有山，後靠山峰要高過建築物之高度，不可穿越後方靠山之高度，若後靠山遠，亦可依此原則興建。

（二）建築物之左右方，不論遠近，最好有山脈守護，並且是自然出現的。

（三）建築物前面有正方形的空地，空地平坦，可作停車場，四面有山丘環繞，若無，可用人工建牆環繞建築物前面的正方形空地，為風水學上之明堂，正是生氣凝聚之處。

（四）建築物前方遠處，有山脈關攔，其濶度濶過本身之建築物，若在一個城市內，必然有群山作羅城圍繞，這點容易做到，山脈在前方出現，雖遠，但高聳，皆吉祥也。

臺北忠烈祠

以上四大點是符合吉祥風水之擇地建屋原則，若非陽居結地，要避開凹地界水，免得犯上水煞，依此原則建屋則甚為吉祥。以筆者繼大師的經驗，大廈前面預留空地作為明堂，以現代大部份人來說，以為是浪費地方，並認為不乎合經濟效益，這是一般人的表面見解，若真正能符合吉祥風水的建築原則，在無形上，住者之健康及財富，是不能用金錢所能買到的，表面上是浪費，其實是賺到的，這亦要配合人們之「一命、二運、三風水、四積陰德、五讀書」之所謂也。

鄉村祠堂

另外，能懂得真正的風水學問之人甚少，城中的領導者，又是否能夠聘用國師級的風水明師呢！他們又怕人民笑他迷信，或許人民的福份缺乏吧！又假如城市中之政府福力大的時候，不需風水高人指點，也能一切盡合乎吉祥風水之設計，也許是命運吧！冥冥中有因果業力在其中，非人力可以強而為之，君以為然否？

寫一偈曰：

城市風水
天地人和
三者兼得
吉祥福多

《本篇完》

## （三）陰陽二宅福力之比較

繼大師

人生之富貴禍福，有說是前生所定，一說積善因而得，不信因果者，皆說是個人自己的能力而得，信風水者，皆說是風水好壞而做成吉凶禍福，道家中有定數及不定數之說，佛家則說：「三界唯識。萬法為心。」

以上各種說法，皆有可能，筆者相信是多重組合而塑做出人生的一面，而性格做成個人命運是最關鍵的一環，風水只不過是展示命運中的一種契機，以有形之風水去揭開未來之命運，正是風水學之功能，而能配合天時、地理、人和，就是天、地、人三者配合命運之原則。筆者繼大師現以風水之角度，去分析富貴禍福，其撮要如下：

鄉村垣局結地

首先，在陽宅方面，鄉村中建有平房村屋，其密度疏而低，故此在擇地上之選擇，影響至大，得地氣之程度，如同陰宅造葬之力量相等；至於城市中之高樓大廈，受地氣之影響力不及村屋得地氣之力大，而一棟大廈，相同位置及方向的單位很多，吉凶之差別不大，這是村屋及大廈之分別。

無論陰陽二宅，若建在得地脈之吉穴上，皆能令陽宅居住者，或陰墳葬者之後代邀福，又或廟宇寺觀得地氣者，其香火鼎盛，能護佑十方。若以陰陽二宅而論，其吉凶各據一半，它的福力及其關係組合如下：

（一）上上格——祖上陰墳得吉穴大地，陽宅亦得正結真地，富貴之人。

（二）下下格——祖上陰宅犯上大煞，陽居亦犯地煞，貧窮夭壽之人。

（三）中上格——陰宅 墳沒有得地氣，但亦沒有犯上地煞之氣，地理平和，向度亦平和，若其陽居村屋建在一處真龍結地上，一旦入住，必趨於小康之家，甚至於富貴。

（四）中下格——陽宅村屋犯煞，沒有地氣，或犯上界水凹地，縱使祖上墳穴得吉地，亦難發福，這是好壞地理同時受吉凶之尅應。

（五）中中格——祖上陰墳沒得地氣，也未得煞氣，或祖上骨灰葬於庵堂道觀，一切平和，而陽居亦平平，非吉非凶，是中等格局，若遇上搬屋而另擇新居，則是轉運之時，吉凶禍福，會受新居地理之影響。

陰宅結地一

以上所說，當然只是準則，亦要視乎個人性格、處事之態度，及大時代之氣運等而定，例如現代中國自由開放，一切生機勃勃，在國內投資或工作，是大勢所趨，即是得天時。

陽居之向度，其門向要當旺運，若遇上煞運則易敗，這是在理氣方面，若再加上陽居形勢佳，就是巒頭形勢和理氣兩者的配合。

一般高樓大廈，雖同一單位坐向，有些低層單位，其外看之窗台，沒有景觀，是大廈對大廈，沒有視野空間，或至高層同一大廈單位則可見遠處山巒，景色開陽，這種形況下，雖在同一大廈單位，而層數單位之高低，影響風水之好壞，吉凶有別，古代稱之為「間星」，以九星層數論高低。

在明末清初蔣大鴻地師著**《天元歌》〈第四章〉**末（見武陵版《相地指迷》第60頁）有云：

**「九星層進論高低。間架先天卦數奇。惟有書傳多不驗。漫勞大匠用心機。」**

陰宅結地 二

蔣大鴻地師所提出「九星層進論高低」，就是單位之高低去論卦數吉凶，這多不應驗的，在清代之建築不高，陽居同一單位，在陽台之景觀多同一景，故吉凶大致相若，而門之方向，大部份相同，縱使有少許分別，內部裝修設計不同，而個人命運亦不盡同，只是大方向之吉凶同，個人小吉凶有異，故有分別。

在陽居方面，在風水上勘察出之吉凶，亦是很有限度的，若數據資料愈多，如陰宅、陽居、工作地方、行業、學歷等等，其涉及的範圍廣大，若能逐一勘察其各處地方的風水，則其個人之吉凶禍福愈是準確。所以單單在陽宅家居地方，不足以得知個人將來之全部吉凶，而陰陽二宅之風水，能影響人生一定之吉凶，而其福力各半，有大份及小份福力之分別，不能一成不變，當然，若再能批算其個人八字命相則較更為準確。

寫一偈曰：

陰陽二宅
吉凶選擇
各據一半
不易準測

《本篇完》

## （四）陽居三格

繼大師

在一個城市內，有人居住在高樓大廈內，亦有人住在鄉村平房屋中。以陰宅來說，亡者多葬於公墳內，或土葬，或火化成骨灰，安於靈骨塔之建築物內，亦有安骨灰於寺廟或道觀庵堂內。但無論陰墳或陽宅，若能得到龍脈聚結之地氣，皆能令陽居住者，或陰墳葬者之後人得福。

若是廟宇得地氣，其香火必盛，亦能護佑十方。以得地氣之吉穴而論，陰宅及陽宅之福蔭力則各據一半，吉凶是互相輔助，或是互相抗衡而產生尅應，這當中亦涉及個人之命運。

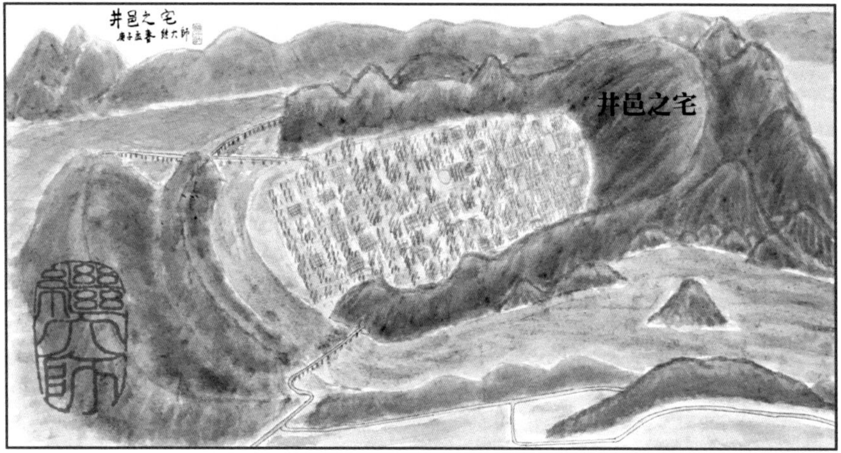


在陽宅方面，可分出三種不同的地域，在蔣大鴻地師著之《天元餘義》〈陽宅辨〉，其名為《陽宅三格》，有〈井邑、山谷及曠野〉等格，（《地理合璧》〈卷五〉〈陽宅辨〉，集文書局印行，第585至588頁）筆者繼大師現解釋如下：

（一）井邑之宅 ——— 在不同城市內居住，各城市亦有不同的法律、制度、貧富及民情等，各具不同命運，而國家地方之大小及國力等亦有差別。其次同住在一個城市，貧富不一，居住在高樓大廈及平房村屋，風水之吉凶，自然不同，其吉凶大概是根據：

甲：陽居是否得地脈之氣，或犯上水煞，或建在凹坑中等等。

乙：陽居之門路是否收得逆水（即門口迎着來水方），或是否收得來路之生氣，或是否見水走（背着來水方），或見生氣離去。

丙：陽居之坐向是否當上旺運，或是煞運，或是空亡線度等。

陽居城市

一般城市大廈之窗台，或是村屋之大門，切忌對着橫過之高速公路，或天橋車路，愈近陽居則愈是影響居住者的運程，屋前眾多高速車輛橫過，則生氣蕩亂，不能凝聚，則住者健康及財運自然不佳，所以古人多在屋前興建一小平地作為屋之明堂，以納取生氣，而四週又有山群或大廈圍繞，使生氣更凝聚。現代人之高樓大廈，其窗台所見者，最好亦是這樣，而生氣凝聚於平地上之空間內，則陽宅得着生氣，財運自然暢順。

若在平地上建屋，切忌有水流、水溝正衝，或有馬路直衝，或有路、水流或水溝反弓而背屋，皆是凶相。陽居又忌建於山頂之顛，高則絕，受八風所吹，除非山頂是平地，四週又有更高之山群圍繞，這則是山頂騎龍大結之地。陽宅建於凹陷之地，是謂犯「水煞」，疾病易生，易陷入困境。

城市中之大廈，兩棟大廈之間所構成之窄隙，當空氣流動時，風從窄隙中間迅速經過，古人稱「箭風」，現代人稱「天斬煞」，大廈陽居之窗台或村屋大門，切忌箭風直接在對面吹來，此皆凶相。

城市之高樓，其單位內之窗台，切忌面對汪洋大海而遠處並沒有群山關闌，現代人很喜歡大廈窗台向海，而客廳與露台間又建有落地玻璃鋁窗或鋁門，從單位大門一入屋內，生氣即由客廳的大玻璃門洩出外面，此謂之「不聚氣」。若窗台與外面大海之間沒有一平地之空間（露台），水很近大廈單位，此稱為「割腳水」，住者不易剩下錢財，若向度錯收陰陽山水，則人財兩失，健康易有問題。最壞者，向犯大小空亡，黃泉八煞，嚴重犯者，會招致短壽，但亦有例外，如窗台向度及水法正確，皆屬吉祥。

現時陽居之高樓大廈，高度達至六七十層，單位太高而犯孤絕，故大城市內愈是多高樓，其人丁必然愈來愈少，人們使用金錢會愈是沒有節制，欠債及貸欵之人愈多，如簽信用卡壞賬者日曾，此則是割腳水所累；除非大廈外局有群山關欄，單位設落地玻璃大門，在這種情況下影響比較輕微。

（二）山谷之宅 —— 山谷者，指兩山之間，其空隙窄而深尖，尖底處多為水坑，人居住在深坑上，山之兩傍，深坑中之底部雖不甚窄，但深坑內形成一條管道，若下大雨，易有山泥傾瀉，以致招來凶險。

但若是山谷之宅，後有山丘作靠，宅前有與宅相等大小之平地作明堂，門向又對着來水之方，門收逆水，此則是大旺之地。若是建屋之地勢高，則易招風吹，山谷之地，以風為主，易犯洪水及風侵，北方之山谷，易犯雪崩之災，例如在西藏區，內有數十條村建在山谷之中，有一年夏天，天氣變暖，出現了一次雪崩，一夜之間，淹沒了數十條村落，死傷無數，此即是山谷之地勢而招致水煞之結果。

又在歐洲法國南部和意大利北部沿地中海地區小鎮，如 Savona，Imperia，Ventimiglia 等地，多建在山谷接近頂處之地方，因其地勢寬緩，故居者較為安全，這是比較好一些之山谷地形。

（三）曠野之宅 —— 此即了無人煙之地，仿如隔世，如在懸崖絕壁之上，如古代清修之地，自耕自足，與人類文明相隔，一切都不方便，又或者與人類文明一起，沒有受世俗人之干擾。

以上三種陽宅，是大概之說，有時是介乎兩種陽居之間，例如在城市和曠野之間，現代人愈是文明，雖身住曠野，心則等同居住在城市，因科技資訊發達故。

總而言之，陽宅之吉凶，是多重組合所致，不能執一而論。

寫一偈曰：風水尅應　陽居三格　一宅陰陽　吉凶可証

《本篇完》

繼大師

## （五）村落另類的結作

一般山崗龍垣局結作，大部份都在平地上，四週群山環繞，三閉一空，一面略低的格局。但有一種在高山頂上的垣局結作，甚為特別，以筆者繼大師研究所得，高山結作村落的垣局，大致有三種，茲列如下：

（一）昂坪地形 ——在群山的山頂上，出現一大片平坦地區，四週有更高的群山環繞，形成一個羅城，把這平地造成了一個垣局，其中一方略矮，為垣局出入之門，門外遠處有高聳的群山來朝，垣局可以是四方形、圓錐形、圓形或長方形，筆者繼大師認為其範圍內必須要有水流經過，在這種條件下，漸漸會有人居住，種田及畜牧，自給自足，形成了一個聚居的村落。

昂坪地形村落

（二）長方形高崗平地 ——其地勢位於山區的橫長脈頂的平地上，脈頂邊是不高的懸崖，但整體上地勢較高，來龍後方有更高的山峰作靠，與高出的平地相連，屬於山頂平地橫長地形，四週有大山大嶺圍繞著，其平地範圍與四週山脈之間是深坑，只有來脈一方與此平地相連，筆者繼大師認為村地的範圍，其長闊的比例可以約四比一至六比一，最理想的是三比一，來龍山脈連接高出的平地處若是石澗而有水流出，則村落中人可以有食水使用，這是居住的首要條件。

一般這種深山的古村落，居住的人，大多都是逃避天災、戰火、皇亂、賊亂而定居的，由於居於深山絕頂之處，少與外界接觸，能自給自足，可以生存下來，已是萬幸了！以下所說的就是這種村落。

位於中國安徽 — 休寧縣城西十五公里處之齊雲山鎮，附近有千年古村落名「齊雲山村」，齊雲山古稱「白岳」，是中國道教四大名山之一，古村落建在500米懸崖頂之平地上，村中有街道名月華街，因位於半懸的峭壁上，故稱為「天街村」，僅有30戶人居住，慶幸者在石澗上有水流出，終年不歇，可供全村村民使用。

**高山出脈村落**

（三）高山出脈處 —— 這種村落，位於大山大嶺之中，來龍主脈粗而平潤，主峰闊大高聳，左右有高山山脈同行，或遠或近而出現，作為護脈，主脈行至一處高位，突然出現一片略平的地方，是為高結之地，脈氣經過深廣的平地，然後順著弧度落脈，頓跌下去，落差很大，闊脈左右擺動，落至較低的平地上，山下亦有左右護脈包拱，當下雨時，雨水從山上流至山下的平地上，迂迴曲折地流出，前方遠處，群山高聳環繞，朝山羅城圍列朝拱，這種山區高結的村落，是為順水局。

以整條行龍龍脈來說，它是位於發脈不遠的剛剛開始落脈高結處，後方及左右方，群山層層疊疊，來脈粗而濶大，村莊在主峰祖山的下方，前面平地深廣而略帶少許傾斜，旁邊又有小水流圍繞，適合居住，自然形成一個高結的村落。

在中國浙江省杭州市東南面約220公里處有「仙居縣」，北部是大盤山，南部是括蒼山，兩條都是由東向西的橫長大山脈，仙居縣就在中間，其西邊山上不遠處有公盂村，是一條高結的古村落，居住的人都是因為躲被災禍、戰亂而逃到這裏定居的，四周群山環繞，全是大山大嶺，村莊前面下方，是高山山坡上的梯田，再下方就像懸崖峭壁，落差很大，遠方群山來朝，幾乎與世隔絕，堪稱世外桃源，自成一國，公盂村就是這種高山上結作的村落。

以上三種村落的結作，都是位於高山絕嶺之上，是另類的一格，不同於一般垣局的村鎮，他們與世無爭，自給自足，生活艱難，但由於地點高，故人多孤寡，人丁不一定興旺，或是年青人離鄉往外發展居多，因是一「順水局」之故。這種環境，適合隱居避世的生活，一般人未必能夠習慣。筆者繼大師認為，若山峰奇特秀麗，群山異峰環繞，向度當旺時，亦會蔭生清貴之人，是屬於另類高山結作的村落。

筆者繼大師曾於2012年（壬辰年）考察了楊池古鎮，它是屬於類似昂坪垣局的結作，但位置屬於低結昂坪地形的小垣局村落。楊池古村在封開縣羅董鎮，遠離江口鎮約28公里，位於廣東省的西北方，文化深遠，稱為「嶺南第一村」，整個村落位於略為高出的平地上，地區雖不大，約有七十戶人家，四週羅城山峰環繞，雖然山峰不高，但自成一局，位於地勢不高的地方，約高出內陸平地不到一百米，是中低結的垣局，約離西江一個多小時車程，途中經過約有十一個垣局村落，屬於較為郊區的地方。

楊池古鎮入口靠山

楊池古鎮是在明末清初（約公元1644甲申年間）由登仕郎葉翰彪先生所興建，距今（2019年）已經歷了375年，村內純粹是明清時期的古建築群，當時葉氏為了躲避清朝的入侵（繼大師註：1644甲申年滿清順治入關，在中原屠城，揚州十日，嘉定三屠，清兵屠殺了軍民約79萬人。）他在戰亂中隻身從北京來到這裡，見此處風水很好，山明水秀，便在此隱居下來，後結婚生子，後代子孫繁衍，延續至今。

村寨共有60多間磚木結構的明清建築物，是兩進或三進房屋，所謂兩進式，就是像四合院的形式，有兩個地堂，入大門口有一小平地，再前行入內，又有一屋門，是高出一級的小平地，為二進式，左右兩邊都建有廂房，但現時的建築物密度很大，屋與屋的空間很少，已經不像以前那樣齊整，較為凌亂一些。

村內有五間書院（學校），一間古代錢莊，即古時候的銀行，坐甲向庚，貪狼大卦向度，正朝圓尖山峰。整個村寨都順著山勢而建，高低錯落整齊有序，以坐南朝北為主，為子山午向居多，其餘坐東向西，是四正向格局。

村內建有葉氏祠堂，子山午向，後方北面背靠入村來路側之矮而橫長的平脈，前面有半月形的風水池，池邊有楊柳樹，池中可見倒影，故稱為「楊池村」，整條村莊，面積不大，四週群峰環繞，筆者繼大師勘察此村時，發覺它是南北距離長，東西距離短，主屋群北靠矮橫長山脈，朝向前面南方較為廣闊開陽的垣局，遠處羅城不高，且有一凹峰，為羅盤上廿四山之午位，凹峰在當元運時催丁，在失元運時損丁。

荒廢古廟

在村子的東面，建有一間古廟，沒有香火，甚為凋零，已經荒廢了，以巒頭而論，形勢非常好，後方有來龍脈氣，正靠一略圓的山峰，左有內砂拱抱，右有羅城垣局作為龍虎護砂，前面有羅城作案山，前局緊聚，但何以如此凋零呢！筆者繼大師一量度之下，發覺此廟坐東向西，線度為「黃泉八煞」，怪不得香火全無，一片死寂之氣，甚為可惜也！

# 荒廢古廟

當我們駕車接近入村時，在路途中，見一衣衫襤褸約二三十歲的青年，在我們前面橫過馬路，看來是一個精神病患的流浪漢，後來村民告訴我們，村內曾經建有一座燒磚的磚窯，當建成之後，村內即生了一個有精神病的孩子，當建成第二個磚窯時，又生了一個瘋子，嚇得村民不敢再建磚窯了。

據筆者繼大師所認知，有兩種原因，茲述如下：

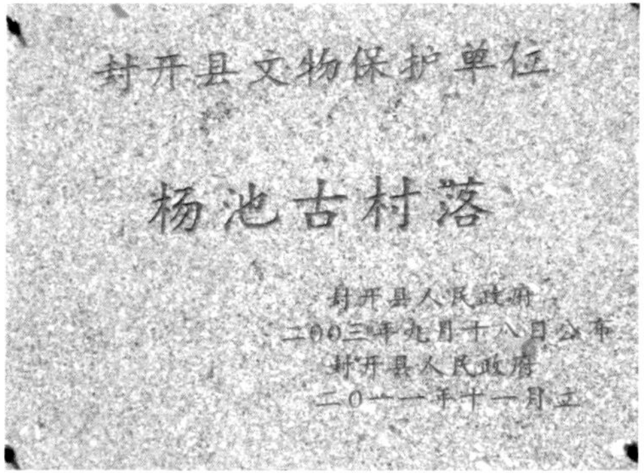


（一）葉氏祠堂及部份村屋坐子向午，後靠低平，風由後面北方子山位置吹頂，為「障風吹腦」，後方靠山低，當失運時，人會短壽，或有頭病及會出白癡兒。

（二）磚窯會產生烟火之氣，催動後方煞氣，加速煞氣運行，加上時值失元之運，因此建了磚窯，在運作之後，引動後方煞氣，便催生白癡兒。

相反地，若是當元得令之運，會出聰明才智之人，人亦會長壽，此村曾經出了一位尚書的高官，所以有風水輪流轉之說，一得一失，循環不息，即蔣大鴻先師所說的「風水顛倒輪」，若值衰運，生人會成白癡，這就是村民的命運了。

楊池古鎮是屬於山崗龍垣局結作之一，但與「昂坪地形」不盡相同，它非高結之垣局，地方範圍不大，垣局自成一國，雖然羅城山脈不高，但不需要靠外方的山峰守護，本身已經具備羅城垣局之峰巒，局小氣聚，方向極佳，不過以筆者繼大師的經驗，任何一處地方，或多或少，一定會有瑕疵，吉凶參半，但看元運主導，所以一切都有定數。

《本篇完》

## （六）鄉村陽居擇地法——陽宅門樓及圍門之作法要訣

繼大師

陽居之中，隨著時代的變遷，現代科技之發展，陽宅之設計，由平房屋轉移到高樓大廈，古時中國人擇地而居，必多是背山面海、江或河，以坐北向南為主，吉祥風水的陽宅，多是依山而建，其原則是：

（一）有靠 —— 背山（北方）而建，山可遮擋北方之冷風寒氣（在北半球而言）。

鄉村垣局

（二）有龍虎 —— 屋之左右有山峰環抱，使藏風聚氣。

（三）有明堂 —— 屋前有平地或有湖、海或江等，使真氣聚於堂前。

（四）有朝山 —— 明堂盡處有群山環繞，前方四週並沒有空隙可以見到天空，此即羅城緊密，環抱有情。

（五）朝收逆水 —— 陽居之大門以收逆水為上，即如水在前面來，門口要迎向它，要朝來水之方，如左方來水，屋開左方之門，若右方來水，屋開右方之門，水由前來，或水聚天心，則門開中間，總之，以「得水為上。藏風次之。」

鄉間陽宅聚集而居，自然成一村落，而擇村之選址，在風水上也要講究，由於鄉村以平房屋為主，現代村屋亦多建三層平房屋，如西班牙式的別墅，也有單層石屋或木屋，而鄉村之形成是早期有數戶而居，居住久了，因年代而開枝散葉，日久人口衆多，自然成一村落。

鄉村之擇地，有在平地上、山崗上或平原上不等，村屋依地形而建，當然在鄉村中的每一間屋之風水也不盡同，有凶有吉，但整條村在選址上，必須符合吉祥風水格局，山崗龍的鄉村擇地及設計，筆者繼大師現公開其原則如下：

**陽居垣局**

（一）鄉村之範圍，其地形以正方形（土形）、長方形（木形）、圓形（金形）、為吉，以三角形（火形）、菱形（水形）為凶，這是大原則，這當然要視乎房屋在村中之何等位置而論。

（二）鄉村的背後是靠大山而建，而村之左右方亦有山脈環抱，但最好略低於靠山，村之大向，其前面近方沒有高山遮擋，沒有欺壓之感覺，前面最好有大片平田或大地，或河、江、湖、海等，以聚堂局真氣為佳，而明堂處不論是陸地或水流，在近村落之正面處，最好有橫長而矮之山作案，以關鎖村內生氣，而高山大幛則在前方遠處而作村落的朝山，此等格局，為上格也。

（三）除上列的格局外，所有村內之建屋範圍內，不可建在平地之凹處，或在低窪地區，此點非常重要，如果下大雨，鄉村便成澤國，這是水煞，如村在平地上，最好略為高一些，又設有去水水道弧形順抱而出，鄉村範圍之正前面最好漸漸略低一些，方便去水。

（四）另外，如鄉村依山之建，村中之房屋，不可建在山脈間之凹處，如下大雨，水必在凹處沖下，亦是犯水煞，最好所擇之範圍是在山脈落下潤脈之上，脈潤而緩又是主脈，左右有山脈環繞，而村屋建在緩潤之脈上則甚為吉祥，極符合吉祥風水原則，是得來龍之氣，有地氣之村屋，人丁必大旺而繁衍。

香港長洲北帝廟

（五）鄉村之範圍最好覓一地點，地點之大小依村面積比例而定，最好是正方形或橫放之長方形，而村中大小吉慶活動，可在此地方舉行，為所有村民聚集活動的地點，如建球場、停車場或村中所規劃之平地上。

（六）村中範圍如有陽居之結地最好，如無結地，可找一處聚氣之地，用四應方法尋之，在此地上建一祠堂，可供奉眾村民之祖先，如村民有宗教信仰的話，可供奉神佛給眾村民膜拜，如在西方國家，可建教堂，道理相同。

北帝廟之朝山

（七）廟宇或祠堂的地點與村民聚集活動地點要互相配合，最佳之法，就是在祠堂或廟宇面前的平地作明堂，為村民之活動地點，生氣凝聚，致蔭佑村中百姓，如香港長洲之北帝廟，其後靠有略高之大樹，遠靠港島太平山，左右有屋及山脈環抱，前面有球場多個，遠有朝山，球場盡處是海，佈滿風帆船隻，而球場比廟為低，廟前並沒有任何建築物阻擋，此等格局，甚符合吉祥風水的原則。

另外一點要特別注意，就是整條村之主要出入口，其位置與方向極為重要，有一些學風水之人仕認為，鄉村之大門口（圍門）作法如同出水口一樣，這是極為錯誤的觀念，筆者恩師 呂克明先師在傳授有關開水口與大門口的方法時，曾清楚地解釋兩者之關係，筆者繼大師現轉述解釋其理如下：

（一）陰宅之開水口「以衰為旺，以旺為煞」，水流經水口而出，謂之出煞，煞出則旺氣入矣。

（二）陽居之大門以生人出入為主，為立生旺之氣，以旺為旺，若還以衰為旺，則陽居大門或村屋圍門必納衰煞之氣。

在整條鄉村之大門出入口，關係到全村的吉凶剋應，這要視乎個別村屋而定，而門之大向，可建一門樓，上可寫村名牌匾，其門樓二柱，可作圓形或方形，其納氣之標準，筆者繼大師解釋其分別如下：

（一）圓形二柱之門樓 ── 兩圓柱可浮雕二龍而作龍柱，但門樓之向度以牌匾為主，因柱是圓形，方向難定，納氣立向時，接氣不專，但圓形龍柱甚為有情。

（二）方形二柱之門樓 ── 方形之門柱較圓柱無情，加上裝橫不易美化，且較花心思，但因為柱是方形，所以方便立向，納氣較為專一。

村口之大門，除可建門樓外，亦可建一高大之圓頂拱門而代之，依巒頭砂水而立生旺向，使巒頭理氣互相配合，其立向之原則，正如無心道人在**《地理合璧》**內之**《天玉經》**上的**〈直解〉**（《地理合璧》集文書局印行，第236頁）上的註解，筆者繼大師現恭錄如下：

門樓逆收朝山

**「山上之零神。即水裏之正神。水裏之零神。即山上之正神。上元之正神。即下元之零神。下元之正神。即上元之零神。零正無定。隨時運行而升降者也。」**

有一些鄉村為了自成一國，便用磚石圍結高牆，牆外有水環繞，其中大門是連接平地，以作保安防盜，而香港元朗「吉慶圍」圍村，亦是此等格局。又有一些圍村，其大門不只一個，有些二個，甚至三個不等，各闔門之立向不同，可互補元運，但收氣較為分散，若一個大門，其納氣比較專一。

蔣大鴻先師在**《天元歌》〈第四章〉〈論陽宅〉**（《相地指迷》〈卷二〉武陵出版社，第55頁至56頁有云：

**「宅龍論地水龍栽。尤重三元八卦排。只取三元生旺氣。引他入室是胞胎。一門乘旺兩門囚。少有嘉祥不可留。兩門吉慶一門休。大事歡欣小事愁。須用門門多吉位。全家福祿永無憂。三門先把正門量。後門房門一樣裝。別有旁門并側戶。一通外氣即分張。設若便門無好位。一門獨出始為強。」**

筆者繼大師現解釋如下：

**圓形門口**

安裝一個或兩個大門，是各有其好處，須懂得分辨，如有一個大門，門向必須立當元旺向，若安裝兩個大門，其安門作法，有以下兩種選擇：

（一）一門立當元旺向，另一門則立失元運向，而在上下元運時可以互補不足，使用易卦之雙山雙向作法，其口訣是**《地理辨正疏》〈卷首〉**（武陵出版社，第34頁）之：

**「一六四九雙雙起。夬姤剝復顛顛倒。往來闔闢團團轉。卦象順逆爻爻到。」**

筆者繼大師認為這正是「三元不敗」之格局也。

（二）兩門同立同元而不同運之向，使同元中各得當旺之運，氣運專一，旺一元而不能三元不敗，其好處是發旺力度較大。

在廟宇之建設中，多有以上第一種用雙山之開門作法，使香火不絕，扶助及護佑眾生，此雙山作法，並不是用廿四山之雙山法，一般之三合局方位立門法，亦類似此等作法，須得三元卦理真訣者始明白其中分別。

無論那一種作法，都屬於理氣上之範圍，而圍門加上門樓，必須以收逆水為主，在形勢上必須符合法度，再配合理氣之應用，這便是巒頭和理氣之真功夫。一般人稱「佈局」或「合局」，其名稱眾多，筆者繼大師認為不論何等佈局，總要符合以上各種原則，非是死板之格局，不要用佈局之名相去唬人，如「五鬼運財法」及「些子法」等。風水是活的，具變化及生動，豈拘泥于格局乎！

明其理則變化盡在心中，這便是心法秘訣，須由明師心傳口授後，加上經驗而融會貫通，非經過一段長時間鑽研磨練不可。

本文之論述只是整條村之格局及原則，若是在鄉村裏其中一間村屋，又應如何設計方合吉祥風水原則呢？事實上，其設計是大同小異，只是範圍縮小，若是個別村屋，其原則如下：

（一）建屋之地其範圍若在平地上，則不能建在窩凹之地，或建地範圍上有凹坑，或潤或窄均不能，是犯水煞，另一種水煞是在平坡與平坡間之分界綫上，下雨時水積在界中，亦是水煞。

廟宇正收朝山

（二）若建屋之地在龍脈上，而龍脈不可太窄或陡斜，來脈窄斜則犯來龍沖煞，若龍脈窄斜硬直地沖來，陽居建在其中，多必傷丁，地氣太剛猛之故，如來脈有頓跌則有變化，來龍之氣必純。

若然有頓跌變化而龍脈帶斜，則建屋時要依山之斜度而建，不可肆意興建而致來龍氣脈受損。例如把來脈之斜度削去一大缺口，陽居建於缺口之平地上，則龍脈必然受創，不合吉祥風水原則，應要依山脈之斜度，一級一級而建，當然其來派濶度要寬廣一些，方可建造房子。

民初時虛雲和尚在廣東某處建一佛寺，其地勢正是來脈陡斜，而有一陳姓地師提議依山而建，不會傷破龍脈。這並不是說凡建屋在陡斜脈上就不能削去山脈，這要視乎情況而定，其脈之斜度及濶窄如何，應該怎樣削及削去多少等，都要小心處理。

大門正收朝山

（三）村屋之坐向如不合元運，可在適當地方開一圍門出入，圍門要有頂蓋，最好圓拱形，門有一定之深度，立取當元旺向，依零正神立局，配合巒頭砂水，無不吉祥。如開兩個圍門，可依以上之安門作法立之。

昔日 呂師曾在近粉錦公路之蕉徑村內，帶領筆者繼大師及同班同學們，探訪老村長李時逢先生，在其村屋處，教授開圍門之法，其村長之圍門正是圓拱形而有頂蓋，門之深度約四至五呎，屋門與圍門間又建有短小方柱兩對，作行人出入之指標，為門路分支入口，其作法確有一套。

鄉村建屋之擇地條件，其實就是一個都會之縮影，在現代城市來說，其學理與現代香港之大型屋邨（如公共屋邨、政府居屋或私人屋邨）相似，有些屋邨也有現代所建之門樓，其理與鄉村的圍門一樣，將現代屋邨再擴大一些看，便是一個市鎮，如衛星城市。再大者，就是一個大都市，多必山環水抱，互相迎朝，但如何看其元運呢？既沒有門樓，地方又大，更無從著眼。

據 呂師云，大城市之元運是用大三元法看之，即以六十年為一個元運，而與大城市中之最高山脈及山峰有關，若然是平地，則要視乎河流之走勢，或內海之水流，其方位與時空的流向配合，山與水同看之，這亦是天機之所在，非常深奧難明。

筆者繼大師愈學愈自覺渺少，有不足之感，真是學海無涯，而繼大師之名，實是勉勵自己，是繼續擴大自己在風水上的學問。這篇文章之論述，是筆者在廿多年來學習所得之經驗心得精要，願與諸君分享，未知各讀者以為然否？

寫一偈曰：

鄉村格局一般同
有靠朝案龍虎從
更開門樓迎生氣
逆收砂水運不窮

建屋擇地凹不容
界水龍煞氣相同
避之則吉祥和氣
陰陽二宅定昌隆

《本篇完》

## （七）圍村祠堂的建立——祠堂覓地口訣

繼大師

在中國農村裏，以務農為生，村中多是同姓鄉親，多有慎終追遠之習慣，一則紀念祖先，除有族譜記載祖先之名諱外，亦載其功德及功名事蹟。二則望先祖庇佑順境，由於鄉親同宗同祖，以傳統之習俗，多擇地興建祠堂祀奉。

祠堂除供奉同姓宗親之外，一般村中大小重要事項，多聚集在祠堂內由各父老磋商後作決策，村中喜慶事宜，亦在祠堂舉行，祠堂成了村民日常生活之活動地方。所以，圍村之村民對於祠堂之覓地很重視，往往聘請風水師選地而建，其地點大部份建在圍村之中心區域，往往祠堂在開村立鄉時便營造，村屋是環繞祠堂而建，後代若考得功名，衣綿還鄉之時，第一件要做的事，就是到祠堂祭祖，可想而知，祠堂對於村落是何等重要呢！

蔣大鴻先師在**《天元歌》〈第四〉〈論陽宅〉**（《相地指迷》武陵出版社，第58頁）有云：**「論屋神祠祖最嚴。故人營造廟為先。」**（第60頁）又云：**「偶爾僑居并客館。庵堂香火有神靈。遇者三元輪轉氣。吉凶如響不容情。」**

若圍村村民有信仰，亦可在村內擇最具風水之地建廟，以護佑村內居民，例如香港長洲之玉虛宮、天后廟、觀音廟及關帝廟等。

神廟與祠堂，都有護佑村民之作用，最好兩者皆能供奉，若不許可，應以神廟為先，而祠堂則屬次之。若在同一地理而言，供奉神佛之力量，是遠勝祖先祠堂之力。當然啦！兩者皆祀奉則最為恰當。在西方，建立教堂，其理與中國之廟宇相同，力量不相伯仲。

祠堂的風水是非常重要，它有心理及心靈的影響力，若風水佳造，全村人亦生光彩！這就是陰人得地氣，能蔭佑陽間的人，就是陰陽互利，相得益彰。

良好風水之祠堂，其覓地口訣方法，筆者繼大師現公開如下：

（一）有星體 —— 祠堂之覓地，與陽宅結穴之理相同，唯與廟觀風水有別，祠堂要建在有靠山之下，靠山不論遠近，筆者繼大師認為要端正成星體，切忌尖角沖尅之火形星，要圓金形、平土形、土金形或金水形均可。亦忌巖巉破碎，或草木光禿無情，忌反背迫近，或有欺壓之勢，或地勢陡斜正沖背後等。

**祠堂正靠吉峰**

（二）靠要正 —— 祠堂後靠山巒要端正秀麗為上，切忌歪斜，靠山要開面濶腳相顧為妙。

（三）接氣脈 —— 祠堂地點要能乘接來龍氣脈，能接氣脈必有地氣，能得地氣必旺人丁。

（四）龍虎齊 —— 祠堂左右有砂脈成夾耳相照，增加其威勢，但忌過高相欺，否則成奴欺主之格局，筆者繼大師認為龍虎亦忌反背側身無情，破碎巖巉，可龍長虎高，或虎長龍高，總要對稱為要。

（五）明堂有局 —— 祠堂前不論是天然或人為，要有平地在門外，使生氣凝聚堂前，而村民有大小喜慶事宜，亦可在明堂中舉行，一舉兩得。

（六）前收逆水 —— 任何陰陽二宅，不外乎以得水為上，前朝高遠而收逆水堂局，這可增加該鄉村之財運，若然不能收得逆水，最少也能夠水聚天心，不論內堂、中堂或外堂，若能真氣聚於堂中，富貴不難矣。而內、中、外堂稱之為「三陽堂局」，這是以巒頭而論。

祠堂正靠吉峰

祠堂大門正收朝山

若以理氣論之，即是《天玉經》所說（《地理辨正疏》武陵出版社第154頁）之：**「三陽水向盡源流。富貴永無休。三陽六秀二神當。立見入朝堂。」**

理氣之三陽即三吉，筆者繼大師認為合得陰陽、生成、合十，此為之三吉。

「六秀」即南北八神父母卦所變出六爻的六個子息卦。

以上六大點若能做到，這種格局之祠堂，定能護佑村民，使蔭生富貴之人，若加上村內個人祖上得吉穴，能出盛名之人。祠堂得逆局，發跡會較快，若是順局，水向前走，至遠處始有山關欄，則發達較遲，可能要在兩三代或之後始可興盛，但無論如何，都是吉祥的。

筆者繼大師曾見一祠堂，約有二百多年歷史，雖然其元運已過，但仍歷久不衰，村中仍有少部份人居住，其來龍高聳，後靠太陽金星，潤腳有情，金星端正，並不構成欺壓感，因太陽金左右伸出潤腳，正正從後方拱托守護，非常有情，是極為少見的。

這祠堂不大，但位置奇佳，脈之餘氣，層層而下，成級級之氈唇，左右有雙水相交於中堂，前山龍虎關欄，水交滙後而出右前方，是左倒右水局，面前是順局，出水口有凹峰，且在羅城之上，凹峰外亦有山峰關鎖，村之範圍雖不大，只得十數戶而矣，而建築物雖不算金碧輝煌，但已不是窮等人家，村民多已移居英國海外，曾經出了一位博士，一名法庭女檢察官。

陳氏家祠後靠山巒

楊公曾說過：**「神前佛後不可居。」**但祠堂是鄉村同宗祖先奉祀之所，在此種情況下，筆者繼大師認為不算是「不可居」，若然祠堂建在「得地氣」之地上，亦可福蔭村中同姓子孫。

祠堂覓地之法，與廟宇道觀之選址覓地一般雖然相同，但仍有很大分別，此是陽居結穴法。由於廟宇是出家人或是修行人拜神佛之地，佛道金身供十方善信參拜，若得真仙真佛下降，必可護佑十方，加上吉地及真修之人在位，對社會大衆必有好處，是多添一分祥和之氣，所以廟宇可建於以下兩種穴地，這秘訣是筆者恩師 呂克明先生所傳。筆者繼大師現披露如下：

（一）廟宇可建於水口砂附近，以逆水砂作靠，前收逆水堂局，以接水神為主。

（二）廟宇亦可建於真龍結穴之陽居地上，若在平陽地（有小山丘之一大片平地上）之陽宅結穴，不論是順水局、逆水局、水聚天心局、左水倒右局、右水倒左局或是各綜合格局，一切均可。筆者繼大師認為此等格局，在平地上只收取一點地氣，這點穴氣，就是一大塊平丘土地上之精華所在，地氣全集中，若廟宇得此渾厚地氣，香火必歷久不衰。

除平陽龍或平洋龍結地之外，以上兩種格局，並不適合建祠堂。在廣東及沿海一帶，多是山崗龍，或是臨近海邊的地方，多有水口砂，所以大部份廟宇屬於「水口砂結作」之格局。

祠堂後靠山巒

以上兩點建廟宇穴地之秘訣，它們都有一種共同點，以筆者繼大師經驗，其特徵會影響後人不長壽，所以不適合建祠堂，但可福蔭財帛，這就是它的缺點及優點。但若巒頭能配合理氣，亦可為用，廿四山之「丙、丁、艮、兌」方位名「長壽水」，是南極老人星，主出人高壽，若能配合這綫度，可補此不足，而水口砂下之廟宇，切不可建在水口濶大、山脈反走及送水之地，即如在劉江東的之子孫劉謙所著**《地理囊金集註、記師口訣節文》〈論水口〉**（武陵出版，第65頁）有云：

**「若水口寬濶。山腳走竄。一節低一節。一山遠一山。則非吉矣。縱有融結好地。亦發福不久。」**

在此等情況下，最適宜在水口處建橋，以作關鎖內氣，或種植大樹在逆水方，以兜收逆水。在**《論水口》**中（武陵出版社出版，第66頁））又云：

**「水口之處。倘有大橋林木。佛祠神廟亦能發福。伐木毀廟。凶禍之來不可振也。若有天生自然之水口。則不假橋木。祠廟以為用也。」**

所以在水口砂附近之逆水方，切不可伐木，亦不可毀廟，若然不慎，倒可傷人，嚴重者可損丁。建廟尤多禁忌，何況是祠堂陽居呢！而鄉村中之祠堂，是否一定要建立呢！筆者繼大師認為這是見仁見智！但中國人念祖之良好風氣，從祠堂的建立中可以體會。而認識歷史，亦可透過民間之祠堂及族譜去認知，難怪中國悠久文化能延續不斷，祠堂的文化，其功勞真不可少啊！

寫一偈曰：

風水祠堂
影響深廣
華夏文化
黃土地藏

《本篇完》

# （八）陽居地形之選擇——大型屋村之風水設計

繼大師

覓地建屋，除依地形而興建外，亦要顧及選地之形狀。以五行來論，長方形是木形，正方形是土形，圓形是金形，半圓方形是土金形，這些地形均是吉祥的。三角形屬火形，菱形屬水形，是不規則的，這些均屬凶格。

若在山崗地形上建鄉村平房，則要依山勢而建，劃出屬木、土、金之地形，若地域大，可依中國傳統之四合院形式設計，主屋建在地域中最有利的位置，左龍右虎作廂房，中間前面平地作內明堂，外有門樓，收取前方山峰。

若地域不大，則以較中心地方建主要房屋，左右亦可加建平房，中間留一空地，形似「凹」字形，空地可作停車場。換句說話，所有房屋之正門均朝向中間之空曠平地，三面建屋而圍著平地，以筆者繼大師經驗是謂：「得明堂堂局生氣」，極符合吉祥風水原則。在沒有建平房那邊（空曠平地那邊），可加建入口門樓，取生旺方，逆收水神，這樣之設計，自成一個小型平房屋村。

但現今社會，金錢掛帥，建築商人那肯浪費一丁點土地作露天停車場呢！早以利潤為主，是「地盡其用」，這是矛盾之處。若以居住者的利益為首，可將村屋售價提高少許，作為投資土地的回報，這樣居住者多添吉祥之氣。

若在城市裏，建築商可選取「三吉」地形（以木、金、土之形為主），高樓大廈建在「凹」字形之內，圍著中間空地，其方法與以上之「平房屋村」設計相似，中間空地可作公眾娛樂場地，或作花園，或作遊泳池，其作用尤如明堂堂局。筆者繼大師認為若設停車場，可建於大廈地窖內，或以大廈地下至二、三層間作停車場，亦可在空地上建停車場，上層頂加建上蓋，作公園平台，其風水效應是一樣的。

現時於城市中，流行興建一種私人大型屋村，村內大廈林立，會所、球場、娛樂室等，應有盡有，設施完備。在設計上，以筆者繼大師個人經驗而言，可將興建地形劃為正方形或長方形，其設計可作如下的考慮：

正方形地形——大廈建於正方形之三面，一面不建大廈，三閉一空，空的一

方是大廈大型私人屋村之入口，這樣是三面高樓圍著中間平地，平地中間可建約三、四層高之商場，頂為平台公園，中間商場之形狀是橫放之長方形，近入口處之地方預留有空間，即是長方形之商場在正方形大廈屋村之中間，預留空間處是入口方。

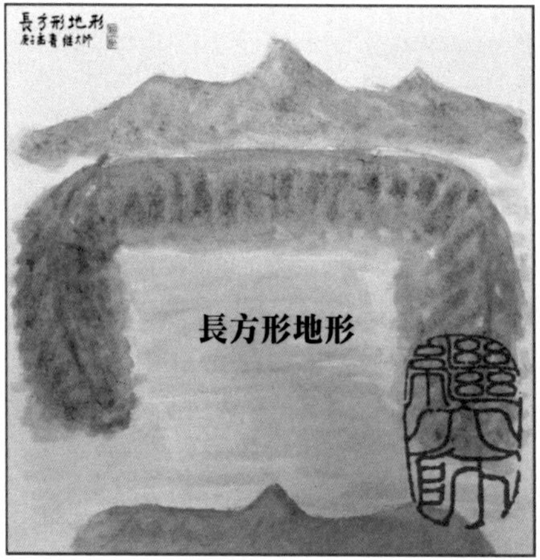


大廈商場之入口要明確，大小成比例，亦可建行人電梯左右而上，中間亦可建濶樓梯而直上二樓。門口之左右亦是大廈範圍，有左龍右虎守護。

正方形地形中，其大廈是建於三邊處，有如「凹」字樣，面向入口方大廈之後方，宜背靠群山，山脈方最好是北方、東北方或西北方，大型屋村之入口是南、西南或東南方。

大門入口方，最好要朝逆水，但避開路沖及尖剋形之沖射。若許可的話，可加建門樓，使入口更加壯嚴而有情，門樓立生旺向，再配合大廈商場入口，則最為理想。

長方形地形 —— 大廈群可建於一邊長及兩邊短的地形邊上，三面大廈圍著長方形之平地，以中間平地為明堂，其設計與正方形地形一樣，但長方地形以橫放為主，即濶大之一邊（空的一方）為

大廈屋村之出入口，中心之平地可設計成露天場地，可用於一切室外的大型活動。空地亦可建球場，網球場、藍球場或足球場不等，或亦可將球場建於建築物頂部，內為大型商場，若有地窖，內可建停車場。

這原理即是以平台或平地之球場作衆大廈之明堂，這中心之明堂，為衆大廈室內單位住戶窗台的明堂，意思是在大廈各單位內，其廳堂內可透過窗台觀看室外球場，球場地面，宜鋪上綠色人造草或人造膠，遠看一片綠色，極為有情。

若在長方形地形上之兩邊略長及一邊略短之方建大廈，則長方形短之一方是出入口，這樣之設計，適宜是大型之長方地形，若地方不大，則當建築物建成時，其長方形中間之明堂便成狹長之形狀，狹長之木形明堂易構成直沖之力，不吉也。但若地方濶大，中間明堂與衆大廈成正比例，則堂局寬濶，凝聚生氣。這樣，其設計與大廈之大小要配合得宜，方為理想。

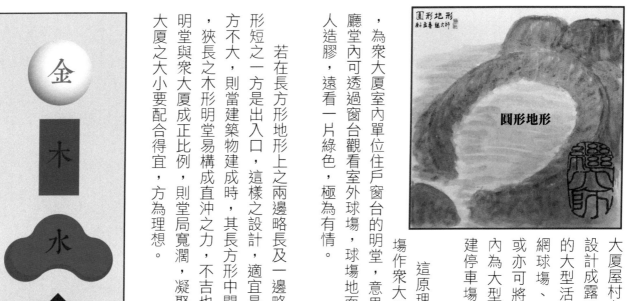

半圓形地形——若地形屬半圓形，最好以平之一邊建大廈群，左右亦建大廈作守護，這樣眾大廈群形成一「凹」字形，半圓那邊是大廈群之入口，這樣，半圓形那邊可建圍欄或牌樓，形成順弓形環抱大廈群，亦可作大廈屋村之羅城。

「凹」字形之底部，其大廈最好背靠山峰或山群，形成有靠之象，若其單位之方是向山，必得逆氣水神來朝，是逆局。若其單位向大廈群之大門入口，必得左右建築物守護，中間作明堂，圍欄作順弓羅城，是順局正格。

若單位之大廈在「凹」字形之兩邊，再配合大門口之圍欄或牌樓，亦可得龍虎而守護，「凹」字形之中心，則為眾單位之明堂堂局，氣聚天心。這樣之設計甚為有情，能盡量利益所有大廈內之各村屋單位。這是筆者繼大師之個人見解，可供參考。

若陽居地形是不規則或是菱形，可用人工整理，把地形改變成正方形、長方形或半圓形不等。其餘多出之地，可種樹木作美化環境，切不可貪圖多餘之土地而招致凶險。這即是：

菱形地形，若「地盡其用」，使形成畸型地理，使居住者招凶，不能符合吉祥風水，但能佔盡土地用途，利潤較大，人工改造菱形土地而成吉祥地理，使居

**鄉村垣局**

者祥和，雖然發展商之利潤較少，不合經濟原則，其實，這就是在土地上投資的成本。

在選擇地形之中，無論是城市垣局，或是陽居屋村地形，切忌是三角形，「三角形」屬於火形，互相尖剋，形成一種煞氣，是凶兆之現象。

在壞的方面——居住之人，脾氣容易暴躁，思想偏激暴戾，動不動就用武力解決問題，鬥爭不斷，報復心理強大，在疾病方面，容易患上心臟病。若是三角形的城市垣局，大多數作為一個戰爭的場地，這就是火形煞氣的威力。

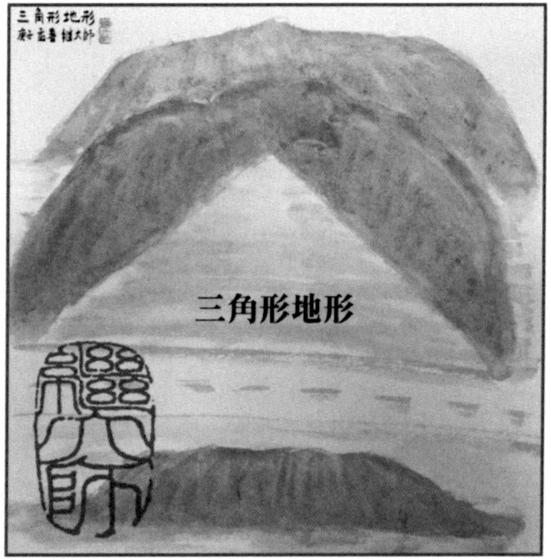


在好的方面——有利於創作性的藝術家，無論是音樂、畫畫、雕刻、藝術等工作者，都適宜居住，但有藝術家的性格，較為古怪、孤僻、另類的一種人，但亦較容易入於藝術的歧途。

地形之五行與陰宅結穴之五星五行，其道理是一樣的，這木、土及金形正是三吉星。

在明《李默齋秘缺》之〈五星結穴不結穴辨〉（集文書局印行，第42頁）有云：

「金體圓而淨。木體直而圓。水體曲而浪。火體尖而聳。土體方而正。內唯金木土。為尖圓方。名曰三吉。多結富貴之穴。」

**正方形地形的設計**（紐約市）

這三吉地形，正是建陽居之理想地，若建造相配，必具吉祥。這些設計，可稱之為：

**大陽宅風水佈局**

寫一偈曰：

風水三吉地
陽居佈局奇
五行得相配
福澤不易離

《本篇完》

## (九) 陽居平房屋之種類——五行之屬性

繼大師

南中國地區的村落，大部份都是平房屋，其高度約一層至三層不等，現時香港新界流行三層的西班牙式別墅，查其原因，正是外觀有情，既美觀又像中國式建築物，外型格調高尚。

根據中國傳統之平房屋建築物，其大部份是一至兩層高，頂部設計美觀，依形勢之五行來説，有火形、金形，火土形，平土形、斜土形等。一般以火土形較流行，若屋主相信風水帶來的福力，可在屋兩側之火形尖頂上，加建照壁，使成土、土金，土土及金形之形狀，避免冲射鄰居，也是「自利利他」的心態，而屋之外相，也影響居住者的心靈，如香港沙田曾大屋屋頂旁的土形照壁。

若屋之外相美觀，居者自身也得利益，以屋頂之五行而論，筆者繼大師解釋有以下之屬性：

(一) 土金合形 —— 有財富及人緣佳的象徵，是有情之相。

(二) 圓金形 —— 和諧而圓滿之象，丁財兩旺之相。

（三）平土形 —— 財富形而具穩重之象，有公正及守法之意，但若過份之正方土形，則難免欠缺靈活，嚴重的話做事時會有呆板的情況出現。

（四）長木形 —— 秀氣之象，文人及藝術式，仁慈之象，若過之，則易固執。

（五）水浪形 —— 雙圓金或以上上之金形合併則成水形，是具智慧式，甚為靈活，但若過份活動則不能定下來，以致宗旨不定。

（六）尖火形 —— 火形象徵動力、武力及權力，若「火形」使用不恰當，則成煞也，反面即是破壞力、霸權、極權、凶惡及殘酷等。

一般流行於民間之五行形勢的屋頂，有土形、金形最為普遍，東南亞國家則流行火形頂，如馬來西亞、印尼、星加坡等。屋頂亦有綜合形，如火土形，土金形不等，其學名及其五行形狀，筆者繼大師列之如下：

（一）平頂之屋 ── 學名「平頂」，屬土形，若屋是濶長則成橫木形。

（二）斜平頂之屋 ── 學名「單坡頂」，正面看是土形，若濶長則成橫木形，側看是斜土形，屋前高於屋後。

（三）尖形屋頂 ── 學名有「硬山雙坡頂」、「懸山雙坡頂」及「四坡頂」等。前兩種屋在正面看去是平土形，屋頂中間高而前後略低，側面看去是火形，即三角形，角尖向上，「硬山雙坡頂」側看是一幅平面牆，而「懸山雙坡頂」之形是屋邊突出少許，並遮蓋著屋之側牆，而「四坡頂」是屋頂前後及兩側均有屋簷斜下，並覆蓋屋之四邊屋牆範圍。

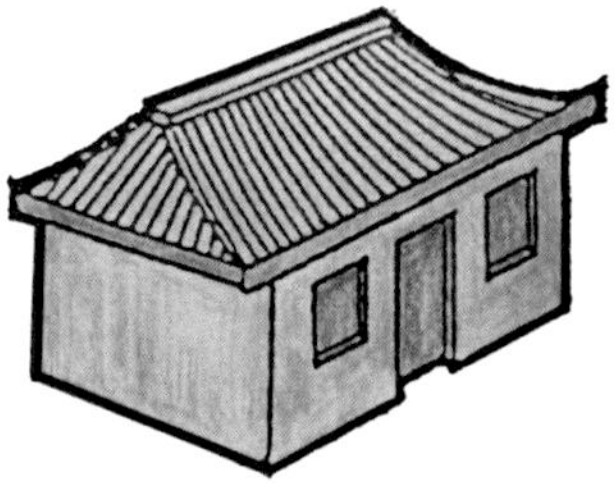

正因為此等屋形，正面看是平土形，側看是火形，故此是火土之綜合形。

（四）圓金形頂——學名是「捲棚頂」，正面看去是平土形，頂中部最高，弧形波浪式向屋前及後滑下，側看去是圓拱形，五行屬金，屋相之中，最為有情。

（五）雙土形頂——學名是「帶馬頭牆的硬山雙坡頂」，正面看去是平頂

，左右有側牆貼上而略高，有點像丫髻土形。側面看去是最高之平頂在中間，屋頂由屋前及屋後一級一級而下，呈現方形，至屋頂邊處便垂直而下，屬土形中之雙土形。

筆者繼大師並不是讀建築學，只是以風水角度，在設計形勢上的五行而論，謹供讀者們參考。

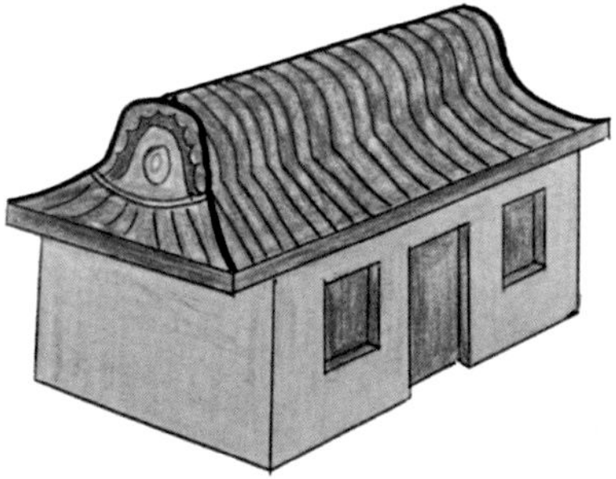

風水中有方向上的五行及形勢上的五行，若設計房屋，可用五行之相生及屬性而配合之，以形勢為主，五行之相生為妙用，五行上相剋是互相制衡，若配合巧妙，定可發揮出力量來，一切均以屋相之有情為主。

現代城市人不比以前之鄉間，甚至現代之鄉村亦現代化。城市興建高樓大廈，市區之土地發展用途是集體化，大廈之外型均由建築公司內的則樓集體或個別之則師設計，一切以實用空間及既得利潤為主。以此為題之下，大廈之高度、屋內單位之視野為首要，故此並不一定符合好風水之原則。

筆者繼大師認為若要以風水為主之大廈設計，有時是要犧牲一些單位內之實用空間，以商業現實來說是浪費及不合成本效益，但若以居住者來說，正是實際既得利益者，在此情形下，以風水角度作出大廈之設計是一件很難辨到的事。但若有懂風水之設計則師，或可把大廈之外型設計有情，使盡合風水原則。

寫一偈曰：

風水能通
五行妙用
懂得變化
居者興隆

《本篇完》

# （十）平房屋開門秘訣——順逆水流

繼大師

古代中國鄉村屋，多是平房式，屬單層屋，富貴之人則建平房四合院式，以現代人都市之高樓大廈而言，整座大廈之大門，其主要吉凶與大廈內全部單位有關，再配合個別單位而斷吉凶。若在大廈屋村中，入口只得一個，則其氣運亦要計算在內。

換言之，從大廈屋村之大門口，至大廈內之某一單位，所有行經之門口路向，均影響着住者之氣運。由大氣口至小氣口，整個排列次序筆者繼大師分析如下：

（一）總大廈屋村之入口
（二）每座大廈之入口
（三）大廈軡位之入口
（四）大廈單位之入口
（五）單位內之房門入口

青龍方之圍門

收前方來水之大門

鄉村平房屋與都市大廈單位房子不同，平房屋受地氣影響尤大，若點在陽宅結穴處，則事事順境，其力量與陰宅祖墳之蔭力相若。相反，若點在大煞之地（界水之地尤凶），則事事坎坷，一個擇地之決定，足可以定生死，其力量非同小可，其餘屋內之風水佈置，雖然重要，但比不上地氣之力量重要，這是風水得地利之層次，由外而內。

以一間獨立平房村屋計算，其入口大門是非常重要，因為是氣口，居住者進出之口，主宰吉凶命脈，其理氣上之要訣，筆者繼大師現公開如下：

（一）其門口之位置及方位，要與房子之坐向相配。

（二）總大門要向生旺卦氣，零正之神要相配。

（三）宅之房子入口亦要得生旺卦氣。

（四）住宅之主人，其年命命卦（64卦）要與宅向、屋向、門向相配，若不能全配合，也不要緊，最重要的就是門口不能立上煞向及在煞位內。

同一向度的宅門與大門

在巒頭上之配合，筆者繼大師述其要訣如下：

鄉村房屋不論單層、兩層或三層，其地點切不可犯界水，不可有水流或深坑或尖角物冲剋，要有靠山來龍氣脈，有龍虎

大吉之宅應比前方地勢為高

屋門收內明堂之生氣

砂脈或大廈、房屋在左右守護，有明堂堂局，最好有朝山或案山，或有水聚面前明堂而不割脚，（即面前若出現池塘，水不要太近。）若沒有大平地也沒關係，小平地作明堂亦可，無朝案亦可，但要有其它房子作關欄，以前方的平地「氣聚、局緊」為要。

平房屋之大門，筆者繼大師述其秘訣如下：

（一）能收逆水——逆水的意思是門之位置，要比門之前方地勢為高，這樣無形之水氣由高而下，大門迎接水神，水氣即財氣，成敗之關鍵。能收得逆水，即是逆局。

（二）若不能收逆水，最好門外遠處有遠山或高樓大廈作關欄，這樣其位置必在較高的地勢上，這即是順水局。若然遠處或近處沒有山或建築物關欄，是平地或大海、大湖，則面前水走，一去不復還，是送水局，送水則人財兩空，是大凶格局除非去水方是煞方，則煞出而旺氣入，順水局雖吉，但遲發。

**宅門凹入少許以納生氣**

門之數量，不能多開，一個總大門入口，是定吉凶之門，其餘屋門是轉化，若總大門不吉，屋門是吉，則屋門有轉凶成吉之作用。在蔣大鴻先師著之《陽宅天元賦》有云：

**「總之多門不如一門之專精。遠路豈同近路之親切。總門統一家之隆替。房門辨夫婦之安危。別有男女弟妹。驗分居之房門。下至奴婢妾妻。據所授之一氣。」**

這即是古時之四合院建設，兒子結婚分家，其分居之房門，及奴婢妻妾之房門，各有吉凶之應。這牽涉到房門向度及方位之吉凶，若得旺氣而又能配合總大門，則必具吉慶。但是，總大門門口不能多開，多開則氣雜不純，吉凶不一，此謂之「多門不如一門之專精」。

由於宅之大門影響深遠，所以不可隨便移動，若要修改，務必請高明風水師改之，《天元賦》又云：

**「改一門。頓分枯榮。移一巷。立判災祥。拆屋添房，若取東宮西舍。整新換舊。須知旺位衰方。或彼家吉而此家凶。或昨日興而今日替。」**

圍門收峰

沒有頂之青龍方圍門

昔日筆者繼大師習風水期間，恩師 呂克明先生曾帶看一鄉村平房陽居，地點在元朗錦田水尾村與荷葉跋龜古墳之中間處，其陽居大宅坐北向南，左邊青龍方為雞公嶺，其餘脈生出一略高之地，陽居建於一突之上。原先大門開在宅之中間，門口朝迎於大刀屻、北大刀屻及大帽山諸山，門收逆水，屋之前方白虎處，有一小溪由屋前南面流來，至近屋前，由東向西流，大門逆收小溪水神，其宅主人經商，賺下大量金錢，育有一子一女，一家四口，幸福無比。

由於發富後，為求方便出入，便建了一條車路，由西向東直達大宅，因此，宅門由南面改至西面而開。車路及大門改後，命運立刻有重大改變，生意由賺錢變蝕錢，主人患重疾，男女少主離家出走，生意結束，欠下巨債，不久主人病逝，真是家破人亡，禍不單行啊！

這就是：**「改一門。頓分枯榮。移一巷。立判災祥。」**

查其原因，就是大門由先前之收逆水，一改而成為送水，溪水一去不回頭，來水收煞氣位，人財兩空。所以，平房大宅之門口何等重要啊！若宅內房門雖吉，也敵不過大門錯收送水之凶，更改大門，切宜慎之！慎之！

寫一偈曰：

大門入口
吉凶咽喉
盛衰所定
順逆水流

**圍門門樓**

《本篇完》

# （十一）陽居鄉村屋開門論——歪斜之門說

繼大師

鄉村陽居之平房屋，除門向要迎接水神外，還要配合屋之坐向，一般水神由左來，門開在屋之左方，若水神從右來，門可開在右方，若水神由正前面來，門開在中間。這說法是指在屋之方位開門而論，並不表示門之方向，一般門之方向與屋之方向是相同的，這是正常之做法。

有一些地師，在改門向時，往往把門口之方向扭斜，並認為是接收水神而邀福，或認定流年太歲到向到方而大吉。筆者繼大師昔日隨恩師 呂克明先生及一班同門，在考察江西興國縣時，發覺有一村鎮，全村平房之大門，均是歪斜而開，明顯地與屋向不協調，並謂此向是「搶接水神」，迎收吉峰，配卦抽爻換象，並謂是「趨吉避凶」。

歪斜之門 (一)

筆者問 呂師如何，呂師笑而不答，後筆者回港後，數年後 呂師始說出其真相，其原理是：

（一）屋與門最好同一方向，否則氣易雜亂，收氣不純，門口亦比喻人之口，屋之外相，亦如人之面相，切忌歪斜。這是在巒頭方面而論。

（二）屋向若是送水局，門向亦與屋向同，即使扭歪屋門，亦脫離不了送水局之命運，這是以形勢而論。

（三）屋向及門向若犯上送水之弊病，在可能範圍內，可在屋之另一方開門而改之，加上選擇吉方吉向，收納生氣。若開歪斜之屋門，在巒頭上已是怪異，亦與屋向不協調，非上智之策，在風水學上，是以和諧及協調為主，切忌古怪，否則不成大器。

在孟浩著之**《論辯篇》——《陽宅門向辯》**（《雪心賦》《論辯篇》竹林書局發行，第12頁）有云：**「設或有惡煞當前（指陽居）。……則又宜達權通變。趨吉避凶。或左或右開門可也。切不可搶水作向。歪斜開門。如人口斜。不成相貌。為可嫌也。……尚有竹節貫并抽爻換象。謬論紛紛。難以盡闢。惟智者詳之。毋滋惑可耳。」**

此段最重要之説，就是：「歪斜開門。如人口斜。不成相貌。為可嫌也。」

亦即是無論陰宅或陽宅，以巒頭形勢為重，理氣方向次之，最好就是兩者兼備，互相配合。反觀現今人們開門，多謂「搶水作向」、「搶向作旺」，更謂作卦理上之「七星打劫」，劫去當元旺運等。這些作法，都非傳統古法，而「七星打劫」是另有作法的。風水之法，還是以古法為妙。讀者以為然否！

歪斜之門 (二)

繼大師註：此乃長洲某銀行，因開歪斜之門，其風水效應是職員虧空客戶款項超過一佰萬，未幾便結束此分行。

寫一偈曰：

巒頭為重
理氣相配
歪斜之門
小心忌用

《本篇完》

# （十二）圓拱門的作用——開門的方法與重點

繼大師

在陽居之中，不論大門、圍門或小門等，均是居住者出入之門，陽宅首重生氣，生氣以門之向口為主，納吉或凶之向度，均影響居住之人。陽居之門口，筆者繼大師認為可分為以下兩類：

（一）高樓大廈——大廈大門口為大氣口，單位之大門為小氣口，室內廚房、廁所及卧室之門為內氣口。

（二）鄉村平房——鄉村之平房或別墅之大門為小氣口，圍門之大門為大氣口，屋內廚房、廁所及卧室之門為內氣口。

門口之重要性，以屋之大門口為主，大廈大門及圍門為次，最好兩者要配合，立取生旺之向，再配合居住者的出生年命干支最好，若要細微一點，則配以人命之出生八字轉化為64卦之人命卦。

圓形拱門

鄉村之平房或別墅，其擇地法與陰宅結地無異，其分別在於結穴之大小，筆者繼大師分析其主要原理是：

（一）背後有靠——有來龍氣脈，是得地之氣。

（二）左右龍虎——屋之左右有山脈或建築物守護，以本屋為主。

（三）前面有照 —— 屋前面有群山來朝，為「前照星」或有「之玄」之水來朝。

（四）前有明堂 —— 屋前面有空地，或現正方形、圓形、順弓形，或橫放之長方形均可，是草地、魚塘或泳池亦可，總以屋門能夠收納面前堂局為要。

開門之方法，以得旺氣為主，巒頭配合理氣，據筆者繼大師所知之一般門口形狀有：

（一）長方形 —— 門口形狀是垂直之長方形，頂平。

（二）圓拱形 —— 門口頂部是半圓形，門兩邊是垂直長形。

（三）圓形 —— 門口全是圓金形，唯獨門與地下約二、三呎間是垂直，形像一個圓形的鎖匙孔。

方形門樓收峰

圓拱形門樓

圓形門樓

半圓形門樓

有一些人認為圓拱形或圓形之門是凶，不可開，亦有人認為是大吉，能取旺氣。究竟是何類形之門最好呢！據古語有云：「一拱食三川。」意思是若門開拱形，能納三川之氣，即三倍之氣。筆者繼大師分析其門之狀態及功能如下：

（一）門是垂直長方形 —— 若門向得旺氣則吉，門口納得煞氣則凶，但吉凶是一比一之力量。

（二）門是圓金形或圓拱形 —— 若門向得旺氣，則能納上三倍之吉度。但若門口納煞氣，則是三倍之凶度。

這樣，明顯地已經有了答案，以筆者繼大師的經驗，其結論是：

一般垂直長方形門，其吉凶之比例是一比一倍，圓拱形或圓形之門，其吉凶之比例是三倍。結果是門之吉凶與這兩種門的形狀無關，其吉凶在於門是否位於吉方，又是否納上吉向。

**方形門樓收峰**

以五行而論，可分「金、木、水、火、土」五種，以火形帶煞為凶，以水形是半吉凶。這種論法與山之穴星五行及眠體水法之五行是一樣道理。其形又以「金、土金」為吉，木形是象徵有生氣，其垂直長方形門口，與人之口部自然相配。

換言之，圓拱形或圓形之門口，好比一具放大器，不論吉或凶，同樣加強其力量。開門的重點，筆者繼大師列之如下：

（一）門開在逆水方 —— 門是入口，能迎接生氣，若能迎接水神，必得生旺，發富之屋也。

（二）門開在吉位 —— 門口之位置若開在吉方，必能配合旺方之氣，即使是煞向，也能引煞氣入旺方，使居者吉祥。

（三）門向在吉方 —— 門口之向納在大吉之綫度上，得元運生旺之氣。

以上三者配合，就是巒頭與理氣之配合，再與宅之主人年命相配，則更為完美。若是鄉間村屋，屋門逢衰煞之向，可在生旺方加開圍門，以補其不足，雖納氣不專，但屬權宜之法，仍屬可行。

蔣大鴻先師在**《天元歌》《第四章》**（《相地指迷》武陵出版社出版，第55至56頁）有云：**「一門乘旺兩門囚。少有嘉祥不可留。兩門吉慶一門休，大事歡欣小事愁。須用門門多吉位。全家福**

門樓正收人工文筆塔

**祿永無憂。……設若便門無好位。一門獨出始為強。」**

這段說明，若一門乘旺，而兩門乘衰，則最好使用乘旺氣之門，若沒有吉位可開門，則最好使用一獨旺之門，能專一地納取旺氣。

筆者繼大師認為亦可用一衰一旺之門，可使三元元運互補不足，雖氣運平平，仍不致大敗，這是穩重之法，能使後代長遠而不易衰敗，但缺點是氣運不專一。

筆者繼大師曾經在廣東 — 河源 — 蘇家圍村的蘇氏祠堂內，發現是三元易卦高手的手筆，就是用一衰一旺之門，生數成數之綜合作法。這些用法，是見人見智，須要三元元空高手始可為之。

清孝陵門樓收峰

開門若得旺方旺向，再配合圓拱形門之設計，是巒頭與理氣相配，則福德厚大，這要配合屋主之個人善德，有福份的人，借風水的助力，始能邀福。

寫一偈曰：

拱門乘旺氣運專　一衰一旺兩流轉
三門兩旺一門衰　互補不足氣運長

《本篇完》

## （十三）照壁之作用及功能——陰陽之理

繼大師

中國古代之傳統平房屋，多為長方形，中間開門，門之左右有二窗，由屋之正面望去是長方形，側面看去屋頂是尖角形（三角火形），屋側下身是略為正方形。以五行而論，正是木火相生或火土相生格。由於屋頂側看是尖形，若鄰近房屋大門，其方向正對的話，必受火形屋頂所尖尅而沖射。平房屋頂兩側的照壁，遇上大火，有着隔離火勢的作用，故建築學名稱「防火牆」。

筆者繼大師曾採訪一位香港新界牛徑村的朋友，其村屋大門正對隔鄰屋的火形尖角屋頂，而且很近，尖尅嚴重。由於房屋坐北朝南，為子山午向，午位南方為「天門」，加上火形尖角屋頂，故名「火燒天門」格局。

尖角屋頂

到了「庚午」年，家中發生大火，幸好人口平安，「壬午」年沒有發生意外，但是工作很不順利，一位貴人上司離開了他，但到了「甲午」年便發生意外而身亡，「午」向之方有火形尖角之煞，尅應「午」年之地支，真的是劫數難逃了。所以火形尖角屋頂的設計，對自己不利，對他人更加有害而無益。

由於中國古人相信風水，所以其屋頂設計是中間平長，而邊角側的防火牆是略圓，把尖角形變成土金形，使成「木、火、土、金」相生之格局。若鄰居大門相對，土金形防火牆，亦顯得非常有情，這是自利利他。

由於中國北方冬天嚴寒而且經常下雪，所以其平房屋頂側的防火牆是小圓金形，中間仍是尖角頂，而前後是斜下之簷蓬，方便把積雪卸下。正面望去，其屋相為土形，屋若橫長，便成木形。

南方天氣和暖，冬季不下雪，所以其屋頂之設計雖是尖頂，由於加建了防火牆，正面望去，屋頂是平土形，屋若橫長是木形，加建了防火牆後，側面望去屋頂側是大圓金形或平土形，比起北方之房屋更平圓而潤，是典形之廣東粵式設計，如澳門媽閣廟頂兩邊圓金形頂的防火牆，及香港曾大屋的土形防火牆，這是照壁之一種。

另外有一種照壁，它不是造在屋頂側邊，而是純萃一幅牆壁，它可以築成一幅獨立牆壁，把屋前之形煞擋著。例如屋前有沖心水、路沖、尖角形之建築物、巒頭形煞及元空理氣之煞等，皆可以在屋門前蓋照壁以作化解。

這一種照壁亦可以與圍牆相連而建在一起，例如屋前有一塊小空地，屬屋之範圍，空地外有其他建築物成尖剋而沖射本身房屋的大門。這樣，可在空地地界內建一圍牆環抱本屋，使大門不被建築物所尖尅，整個圍牆不可過高，不能欺壓本屋。這種作法，亦是照壁之一種，可以獨立建造，或與圍牆連接而興建。

這照壁之設計，其重點在於化煞為吉祥，筆者繼大師解釋其原理如下：

（一）屋頂本身兩側成尖角頂而無情，加建照壁後，使屋相更為有情。——這是屋子本身之因素。

金帶火形屋頂

土金形屋頂

木形屋頂

金形屋頂

（二）有形煞沖射，加建照壁後，可遮擋形煞而化解之。——這是外來之因素。

另外，若有坳峰在左或右方，令坳風沖射陽宅，亦可加建照壁，把凹峰之坳風遮擋，化煞護宅。

圍牆形之照壁雖有化煞功能，但切忌隨意亂蓋，照壁之作用有如「嶠星」，嶠星即是高壓之建築物。在蔣大鴻先師著**《天元歌》《第四章》**（《相地指迷》武陵出版社印行，第57頁）有云：

**「矗矗**（音畜）**高高名嶠星。樓臺殿宇一同平。或在身旁或遙應。能迴八氣到家庭。嶠壓凶方鬼氣侵。嶠壓旺方能受蔭。」**

此段說明，若有高大之建築物在本屋之旁邊，會影響本屋之吉凶，筆者繼大師解釋其原理如下：

三台照壁

木形照壁

（一）　嶠壓凶方鬼氣侵　——　若高樓大廈壓凶方則大凶。
（二）　嶠壓旺方能受蔭　——　若高樓大廈欺壓到吉方則大旺。

這說明風水之建造，一定要巒頭及理氣互相配合。例如陽宅室內廁所壓絕命方則會長壽，若壓五鬼方則大旺，正是陰陽之理。

照壁之作用，亦如高壓之嶠星，其功能相若，這些原理不只用在大陽居八宅理氣上，而且能適用於廿四山之分金上，其變化甚廣而細微，若非得明師真傳焉能明白呢！

昔日恩師　呂克明先生在傳授照壁圍牆使用法時，曾說出一宗風水個案，筆者繼大師現轉述其內容如下：

**照壁 (一)**

**照壁 (二)**

照壁 (三)

照壁 (四)

「有一三元派之風水明師，他生前在自己住宅門前建有一照壁，其圍牆用紅磚一層一層地疊砌而成，把屋門前之觀景阻隔著。他臨死前囑咐其後人，於每年大寒後與立春前的期間拆下一層紅磚照壁，年年如是，結果在十至二十年間，這門前之照壁始完全拆卸完畢。」

這個事例，不是深於此道者不能知其意思。這裡有幾個問題引伸出來，筆者繼大師述之如下：

（一）何故那樣麻煩，要逐年逐層拆卸呢？

（二）為何不是一次過把照壁拆破呢？

（三）當初為何要建照壁呢？是否門外有形煞呢？若有形煞又為何要拆照壁呢？

呂師只說出其個案，但並未把其中秘密說破。筆者繼大師曾考慮兩個問題如下：

（一）為何在大寒後與立春前之期間拆卸呢？這是關係到擇日的問題。在《正五行擇日法》中，古法認為立春是一年之開始，大寒是每年最後之一個中氣，大寒五日後至立春前，期間擇日拆屋、破土、安葬、開山立向、修造等，是不忌年、月、日、時等時空之煞，因為是新一年之交接期間，是過度期，是時間之空隙，故在此期間用事不忌，這是權宜之法。

門前照壁

（二）時間上之上、中、下三元元運問題，是關係到元運交接的問題，亦關係到巒頭與理氣上之陰陽配合上的問題。

這風水之造作上實不離陰陽二字，時間上之陰陽，方位上之陰陽，山川之陰陽，大地河海之陰陽。再加上金、木、水、火、土之五行，則成「陰陽五行」也。正是山、醫、命、卜、相之理，亦是宇宙天機秘密之一，唯有緣者得之。而照壁之作用，亦關係到陰陽之理，有情與無情的關係也。寫一偈曰：

陰陽五行顛倒顛　能顛能倒大羅仙
元運時空常轉化　變幻一時無常現

《本篇完》

天后廟門前照壁

## （十四）村落中文昌塔樓的建設

繼大師

大凡用吉祥風水原理開村立局，首先要擇地，地點有來脈、後靠、左右有砂脈守護，中間平地，自然成一垣局，三閉一空格局，氣聚於垣局內，村落住者吉祥如意，後代繁衍。若然請得明師修造風水，那就更佳了。

一般村落的風水，除要得垣局氣聚之外，最重要的是能「得水為上」。以門樓收得逆水，主得財，收得秀峰，子孫則出貴，若兩者兼得，富貴雙全。以筆者繼大師經驗所得，為了使村落之人後代能出富貴功名，一般都會興建祠堂，內奉祖先，這更直接影響後代子孫之福份。

單單依靠原局祠堂風水是很有限的，因為它與村中的垣局形勢大致相同，四周山巒形勢已定，能夠改動變化的機會很微。筆者繼大師考察了很多古村落，發現古人風水明師，用兩種很高明的手法，令村落的風水大大吉祥。

文昌塔作水口砂

改變風水方法之中，有屬於「水流」的部份，亦有屬於「山巒」的部份，筆者繼大師現公開其秘密如下：

（一）觀察村落附近是否有河流出現，如果有的話更佳，以筆者繼大師的經驗可選擇適當位置，用人工開鑿河流，引河水入村內，環抱有情，可兜抱祠堂前面，順弓屈抱，為祠堂所受用。廣州市芳村黃大仙祠為「子山午向」，它曾經以人工挖掘小水流，並由大水流引入廟的範圍內，使廟宇香火旺盛。

筆者繼大師除考察廣州芳村黃大仙祠外，亦曾到過廣州花都圓玄學院考察，它的覓地選址精確，其地點的青龍方（東面），當中有一條順弓環抱的水流，有情守護，整個大局為「子山午向」，根本就是一座非常宏偉廣大的道觀廟宇，有統一天下道教的意味，未來是中國道教的王國，一流的設計，水法高超，在近代的廟宇中，很少有這樣高明的風水設計。

（二）在村落附近選擇適當的位置，最好在祠堂門口能夠看見，但若看不見也可以，然後興建人工塔樓，筆者繼大師認為以八角形或六角形為主，視乎地點大小而定。塔樓可高七層、五層、三層不等，內可供奉魁罡星君（文魁、武魁）。

文昌塔 (一)

興建人工塔樓，可以說是人造文筆塔，筆者繼大師發覺現代人發明很時興的家居風水，風水師倡議在室內的文昌位上放一個文昌塔，並說有利於小孩讀書，與這人工文筆塔樓的分別，簡直是「大毛見小毛」，差之毫釐，繆之千里。在圍村內興建塔樓才是真正的「文昌塔」呢！選擇最佳向度，配合祠堂及整個村落大局，建成之後，最好在塔頂上可以看見祠堂，兩者的方位及方向都能夠互相呼應配合，這要視乎塔樓的層數多少而定。

如香港新界屏山鄧氏族人於明朝洪武年間（1368 - 1398年）由第七世祖鄧彥通先生所建的「聚星樓」，由原先之七層，後被颱風吹塌上部四層，現今僅存三層的六角形古塔樓。塔頂部上層供奉魁星，為人工「文昌塔」，影響着整個屏山鄧氏望族後人的功名，出文人乃至人材輩出等。

第二個例子就是廣東番禺大嶺村石樓鎮內的陳氏大宗祠，此村北靠菩山，石樓鎮大向為癸山丁向，山後為廣闊田野，菩山的山形是一個橫嶺，山頂略平而不高，在正面遠處回望，後靠的橫嶺剛好高於村屋之頂少許，西、南方為大嶺湧、礪江湧，兩湧交匯處為水口。

白虎方有蓮花山守護，它是一座橫嶺小山脈，嶺頂上有一人工塔樓，就是廣東三大著名塔樓之一的「蓮花塔」。寶塔為「水口塔」，並種有大樹，因為村落的西南方空蕩，以關鎖村落下關之生氣。

文昌塔(二)　大魁閣塔

在石樓鎮內的陳氏大宗祠的南方是大門入口，大門口前有一水流橫過，把外方河水引入村內，這似乎是人工開鑿，約二米半濶，對岸建有人工文筆塔樓，名「大魁閣塔」，又稱「文昌閣」。

石樓鎮正前方在一片大平地上，隔大嶺湧及多個魚塘，鎮之南可見遠處有一矮小而類似筆架的山丘，因為下關空蕩，生氣散漫，只有大嶺湧兜抱在村前面之南，根本看不出有如此的吉祥風水。陳氏祠堂前方的小水流在白虎方而來，橫過祠堂從青龍方屈曲而去，入至村的入口止，是斷流，名為「息道」。

在《相地指迷》〈卷之五〉〈平洋金針〉〈論息漏第三〉（武陵出版社，第143頁）云：

**「水有息道漏道之別。祇于轉處求之。蓋水必取其轉。轉則其勢或逆或曲。而地始成。故所轉之處毫無分行滲漏。乃為息道。若兩路三叉分流而去。則真炁盡洩。名曰漏道。」**

從青龍方橫過陳氏祠堂的小水流是去後屈曲而「毫無分行滲漏」，因為是斷流，生氣止於盡處。小水流橫跨整個村落範圍，祠堂前方的白虎不遠之處建有一道小橋，名「接龍橋」，以關止水流內氣。

**大嶺村接龍橋**

小水流由西來，流入此村落的盡頭入口，村落的入口在東，水退時，水流的生氣經接龍橋退潮而流出村落範圍之外，故此橋有關鎖水口之功能。早上看去，小水流污穢非常，村民的排泄物全流於水坑內，是「坑渠水」一條，但當外面潮水由大河水灌入來時，把污穢物沖走，換來新鮮河水。

真的令你意想不到的是，這樣的坑渠水，居然可以令人發財發貴。此村歷代曾出約一百個官員，讀書人及文人眾多，出有狀

文昌塔作水口砂

文昌塔(三)

元、探花、榜眼、進士、秀才，功名利祿皆有。此種村落，皆出自多位風水明師手筆，一般學風水的人，很難明白其中奧秘，這就是郭璞著《葬書》內所說的「得水為上」的原理。

正如唐、楊筠松祖師在**《天玉經內傳下》**所說：**「乾山乾向水朝乾。乾峰出狀元。」**筆者繼大師認為這自然或為人工的水法配合人造文筆塔樓，加上理氣中之「乾山乾向水朝乾。」一定出狀元也。不過天機只能給有善德之人知，加上緣份、福份，始能明白。

筆者繼大師認為村落的興盛，由村落、祠堂的風水，及加建人工塔樓、引入水流，大水交小水，自然引入生氣，這就能充分發揮風水的力量，真的是非同小可，明師難求，風水真道難求，這一切都講求緣份。

《本篇完》

# （十五）日城、月城、八卦城——城市另類的設計

繼大師

關於八卦城的設計，在《高隆諸葛氏宗譜》記載，諸葛亮的廿八世孫諸葛大獅字威公，於1340年（元代 — 後至元六年，庚辰歲），在現今的浙江蘭溪諸葛鎮諸葛八卦村這裡，用重金購得此片土地，設計一個八卦城鎮，聚集所有諸葛氏在此定居。

諸葛八卦村入口

高隆村是諸葛鎮本名，在蘭溪市西部，是諸葛氏後裔的最大聚居地，四週有山脈環繞，鎮被八個山峰相夾，鎮中建築格局，據說是按太極八卦圖形式設計，村之入口處，有一承相祠堂，內供奉其祖先諸葛孔明，這裡保存了大量明清時代的古建築群，是中國少數古文化村落之一。筆者繼大師於2014年初曾到此村勘察，村民說在日本侵華時期，日軍經過此村附近範圍時，被這些山峰遮隔，並沒有發現有此村的存在，因此逃過一劫。

諸葛亮後裔遵從祖訓，以「不為良相、便為良醫」為宗旨，諸葛亮于公元225年征討孟獲，士兵多被瘴氣所感染而生病，因此研製諸葛行軍散。自宋末元初至今達七百多年，諸葛村以經營中藥業為主，人人研習中藥成風，使諸葛村成為中國的藥王村之一。

諸葛鎮一帶地形如鍋底，中間低平，四周漸高，四方來水匯聚，在全村之中央位置，建有一口池塘，名「鐘池」，水塘半邊有水，半邊為石地，側有一口水井，尤如一個活生生的太極，又像羅庚中的天池，筆者繼大師在考察其間，見有村民在此池洗衣服，不知此水池是死水或是屬於井之類，或否有地下水湧出，但無論如何，用此水洗衫都是不潔淨的。

以鐘池為中心，有八條小巷向四面八方伸出去，直通鎮外八座高高的土崗，其形狀就是一個太極八卦，不過從高空上看，城鎮只是略帶圓形，而不是典型的八卦型。村之大門很小，為圓拱形頂圍門，與承相祠的白虎方入口處相連，大門口外出口有小路橫過一水池，水池那方是低地，承相祠有山丘前後相夾，前高後低，祠堂門口為逆水局，祠堂接得脈氣，諸葛孔明造像位置高高在上，內堂低下而成四方形，左右有高牆守護，內堂外處有圍牆的行人通道，窄道橫過祠堂至大門口，通道之外有一個水池，似是人工所做的風水池，全村房屋大部份是三層高，非常密集，入到村內，不覺得是八卦型村落。

**八卦村以鐘池為中心**

一個新城市的開發，可以用八角形立城，仿效八卦太極，筆者繼大師認為最佳的城市立向線度，可選擇用四正：「子、午、卯、酉」及四隅：「乾、坤、艮、巽」八個方位，（逆時針方向），在廿四山之「乙、辛、丁、癸、寅、申、巳、亥」，設立八條大道，中央設一個八角公園，公園中央又建一太極圖形，用水池及草地或石塊作為太極之陰陽。

太極本身有它的磁場，中央天池公園佔地有一定的大小，屋子建在近中央天池公園邊界，最內一層排列的屋子向度依八卦之四正四隅立向，共有八排屋，每一排屋同一個卦向，成一個八角形，加上八條馬路由近中心區向外建造，作為八角區域的分界線，但要避開空亡線度。

八卦村的方池

由最內一層屋子建起，再依最內層屋子的空間深度，向八卦形外方建造其他屋子，方向與最內層的屋子一樣，依照屋子之距離而建馬路，成八卦形，漸漸形成一個八卦城市。又按比例在八卦城周邊邊界建立較大的馬路圍繞，然而離開中心愈遠，則環繞範圍地方愈大，屋子排列愈多，而屋子方向不變，照舊依八卦排列，距離太極中心愈遠，則屋子排列之數目增加，周邊大馬路又按比例增加，形成一個大八卦城。

月城

除上述方向定八卦城的大向外，更有天元、人元、地元（三般卦）的立向方法，但八卦城市形式不變，不過方向不同而矣，筆者繼大師認為總

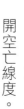

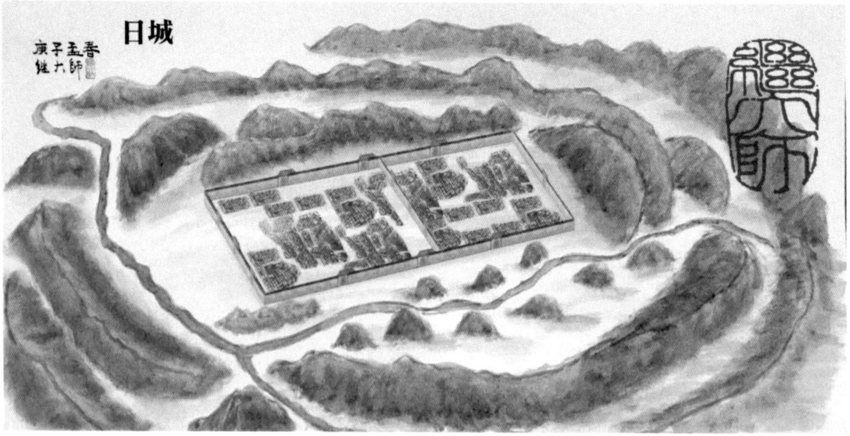


共有四種最好的方向，以坐北向南（子、午）向為最長運，其次坐未向丑，再次坐庚向甲，更次坐乾向巽兼戌辰，是為「四大局」。

諸葛亮先生當年還設計有日城及月城，「日城」故名思義其形如「日」字，屬長方形的設計，以南北向為主，城牆砌成「日」字形，內建平房屋，中間北面建立主樓，左右有樓，主樓前面中間有平地作明堂，可作為城中政府行政大樓，其他房屋亦可坐北向南。

月城的設計，以半圓形為主，用城牆砌成半圓形，象徵月亮，平的一邊坐北，半圓形突出的一邊向南，在平的一邊中間位置建立主樓，坐北向南，為城中政府行政大樓，左右有大樓守護，面前建平地作明堂，盡處有屋橫攔作案，為吉祥風水的標準設計。

在新疆伊犁特克斯縣有世界上唯一的一個八卦城，名「特克斯」城，從高空往下看，根本就是一個八卦形的城市，於南宋嘉定三年（公元1220年），道教龍門派教主丘長春祖師（丘處機）應元太祖成吉思汗（1162 -1227）邀請前往蒙古，行程用了三年多的時間前往蒙古朝見元太祖。

新疆八卦城

長春祖師途中路經特克斯河谷時，見其山川水勢吉祥，是好風水地域，北靠烏孫山，山谷地勢緩坡有地氣，南方有特克斯河水繞抱，於是建議以吉祥風水建造一個八卦城，選定了中央位置後，他以四正之「東西南北」向定位，並曾於1936-1938修建。直至現在，城市依然繁盛，在高空向下俯瞰，就是一個活生生的八卦。

無論八卦城、日城及月城，在選擇地勢上，以城市之背後要有靠山為主，城內可掘地作池，依日月天象而做，圓形為日，半圓形為月，依水法建在主樓的左右手作守護，亦可建在主樓明堂的外方，是非常完美的風水設計。八卦城、日城及月城，是城市風水上的另類設計，更是中國古代高度文明智慧的結晶，使居住的人，生活更安穩及祥和，是安居樂業的理想烏托邦。

寫一偈曰：

八卦太極
日月之力
立局開城
豐衣足食

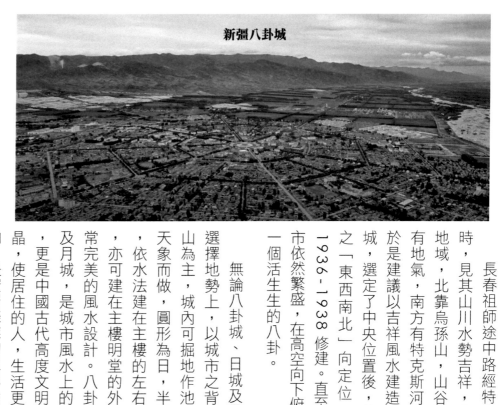

八卦城的設計子、午、卯、酉及乾、坤、艮、巽屋向。避開黃泉八煞。

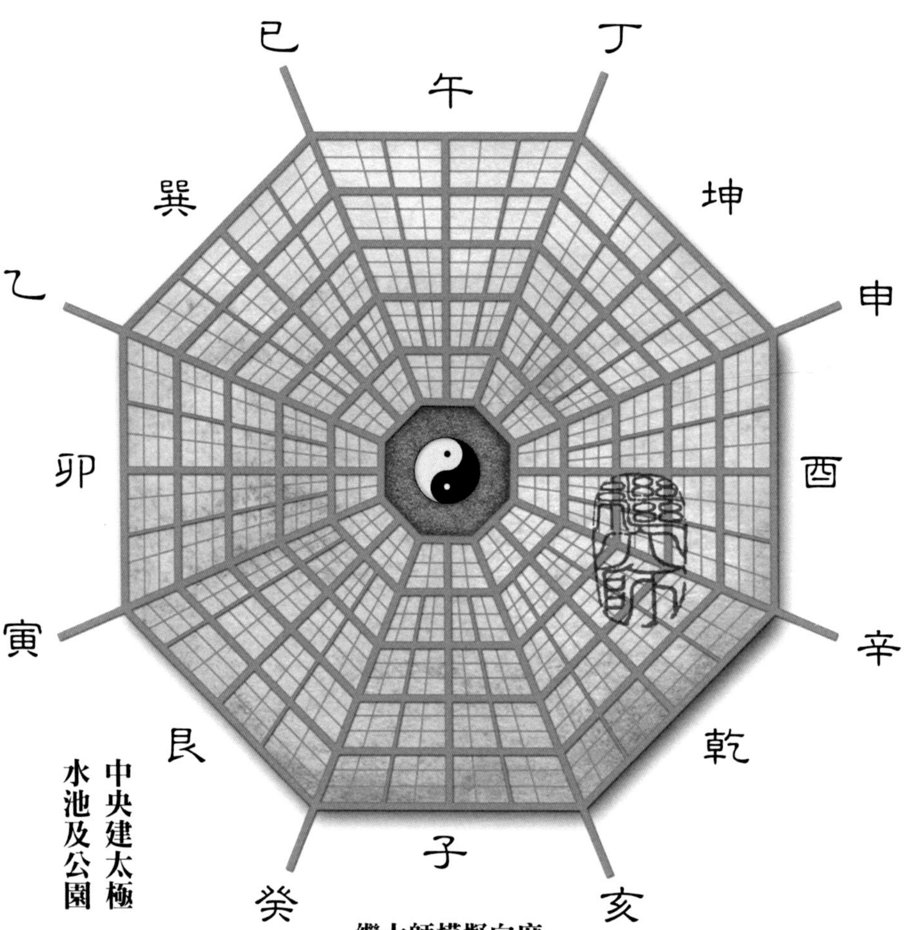


中央建太極水池及公園

繼大師模擬向度

八方路向為寅、申、巳、亥、乙、辛、丁、癸。

《本篇完》

## （十六）宗教廟宇風水與國家盛衰的關係

繼大師

一個都會、城市、市鎮、鄉邑，乃至一個村落，當中多有寺廟、道觀、神廟、教堂，這是地方上的信仰。世界各國地方都有不同民族，從古至今，信仰着不同的宗教，於是人民對宗教信仰的精神，全集中在廟宇、教堂內。

古代西方及中東的國家，雖然在戰爭中把城市摧毀，進行屠城及種族滅絕等行為，但只要是宗教信仰相同，通常都不會把教堂毀滅，壁畫、音樂、藝術、歷史文物及文獻等文化得以保存，故在西方的教堂是文化的保護罩。相反不同宗教信仰的民族，因為戰爭的緣故，真的會把宗教和文化全部滅絕。

聖城耶路撒冷

2001年 2 月26日，阿富汗神學士政權領導人歐瑪爾命令部下將擁有逾千年歷史的巴米揚大佛用大炮與坦克給予毀滅，但發現巴米揚大佛非常堅固，最後用炸藥徹底將大佛炸毀。同年 9 月 11 日美國紐約雙子星大廈被飛機撞毀，10 月 7 日以美國為首的聯軍對阿富汗阿蓋達組織和塔利班發動戰爭，直至現在（ 2020 年）也未平息。

巴西里約熱內盧救世基督像

古希臘帕德嫩神廟

在西方法國巴黎市中心，在塞納河（River Seine全長780公里）西堤島上（法語：île de la Cité）建有聖母院（Cathédrale Notre-Dame de Paris），哥德式建築，約建於1163年至1250年之間，是全法國人民的信仰中心。可惜的是聖母院於2019年4月15日黃昏時在教堂閣樓處起火，導致尖頂坍塌，中間後方部位的木質屋頂全被燒毀，可幸的是石制的圓拱形頂大部分得以保存，建築物的整體結構還在。這對法國國運有一定的影響，翌年，剛好發生世界大瘟疫，2020年至7月初，法國累計新型冠狀病毒死亡人數增至29893人，真是非常不幸，不過全世界也如是，嚴重的國家包括美國、英國、西班牙、意大利。

意大利梵蒂岡的天主教聖彼得大教堂，可以說是全世界天主教徒的中心地方。在希臘，於公元前5世紀建有雅典衛城，古希臘建造奉祀雅典娜女神的神廟，名叫「帕德嫩神廟」Parthenon，為古希臘的主要信仰。

在巴西里約熱內盧，位於市中心西部蒂茹卡森林公園的一座花崗岩山峰，高710公尺，建有耶穌像，名「救世基督像」，葡萄牙語為：Cristo Redentor，於1931年落成，站立在里約熱內盧國家森林公園中高710公尺的科科瓦多（Corcovado）山頂，又名「駝背山」，基督像高38公尺，張開雙臂俯瞰着整個城市，像是守護着整個里約熱內盧城市，甚至整個巴西，是巴西人民共同信仰的象徵。

以色列的聖城耶路撒冷，同時是猶太教、基督教和伊斯蘭教三大宗教的聖地。自公元前10世紀，由所羅門王所興建的第一座聖殿。因為信仰的原故，聖城耶路撒冷的聖殿為三大宗教所爭奪的地方。為了爭奪聖城耶路撒冷，不知死了多少人！

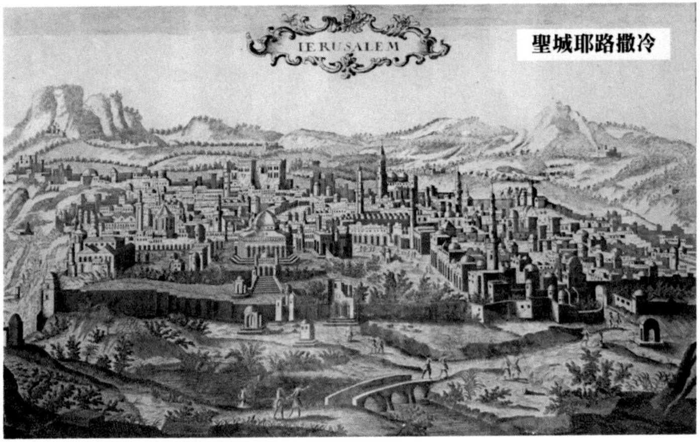

聖城耶路撒冷

在中國歷史上太平天國洪秀全就是信仰基督教，他自己說是耶穌的兄弟，創立「拜上帝會」，若然他真的統治了中國，所有中國儒、釋、道三教的宗教文化，必然盡毀，真的是宗教界的大災難。不過中國經過此一劫，又來第二劫。廿世紀中（1966－1976）十年的文化大革命，是宗教界、五術界的浩劫，不過比起太平天國好得多了，一個宗教的信仰，影響着一個國家的文化及一個民族的衰盛。

明朝永樂皇帝明成祖在北京當皇爺時，其姪子建文帝對各皇叔進

武當山北極
真武玄天上帝造像

行滅絕清洗，於是明成祖在燕京發動戰爭，初期敗捷，後來因機玄巧合，上了武當山祈求玄天上帝，並得到護佑，後成功統一中國。他得到帝位後，在武當山頂峰鑄造玄天上帝全銅的金身及宮殿，以此答謝玄天上帝的護佑，其間國力強盛，後有「永樂盛世」之美譽。

明成祖在北京興建紫禁城宮殿，由軍師姚廣孝負責策劃，明成祖更在御花園後方的欽安殿內供奉玄天上帝。全部工程於公元1406年至1420年，歷時18年始完成。

本來興建皇室宮殿是古代各國皇帝都喜歡做的事，但紫禁城的建築是特別不同，紫禁城背靠景山。在元朝時代，並沒有景山的出現，元初忽必列以劉秉忠先生為國師，他引永定河河水屈曲而來，繞過紫禁城前面南方，然後向東南方而去，可惜皇城後方靠空，元運不長。

元朝滅亡後，至明朝初，相傳明朝把元朝所興建的皇城用堆土的方法，把它藏在泥土之下，企圖破壞他們的王者之氣。2017年北京東城區鋪設新型消防管道時，在紫禁城範圍內的慈寧宮東面側近護城河入口之隆宗門以西，發現元代地層宮殿遺址。

筆者繼大師相信極有可能他們在紫禁城的白虎方（西方），挖掘地下，蓄水作湖，開發出中南海，然後引永定河水入中南海，為了使國運長久，他們把挖掘出來的泥土，堆積而成景山，興建紫禁城後，景山成為紫禁城的正中央後方「玄武」靠山，相信這與明朝國師劉伯温有關。

筆者繼大師得知於1987年由於舉辦北京地區航空遙感成果的照片展覽會，專家夔中羽先生在沖曬紫禁城高空俯瞰照片時，發現照片呈現出景山公園的壽皇殿建築群為「坐像」的頭部，大殿、宮門及大樹群組成「眼、鼻、口、眉毛」，左右對稱，三角形樹林成「鬍鬚」，被壽皇殿外牆隔開，恰似一尊閉目盤坐而面帶微笑的玄天上帝造像。

北京紫禁城景山

（繼大師註：玄元上帝全名是：「大聖大慈。大仁大孝。八十二化。報恩教主。佑聖真武。治世福神。玉虛師相。元天上帝。金闕化身天尊。」一世傳天德聖教蕭昌明夫子傳有《玄元上帝報父母恩重經》如果有孝子賢孫想報答父母三年乳哺之恩，可禮帝為師，持齋三年，唸此聖號一萬八千遍，盡子女的孝道，父母定能得到很大的福報，或因此功德而生天界、佛國。）

整個紫禁城就背靠着景山公園，我們很難想像出當時是如何塑造出那麼巨大、精準及比例大小恰當

**廣州光孝寺** (唐代稱法性寺是六祖慧能出家剃度的地方)

的玄天上帝盤坐造像。由此可見，明成祖是那麼虔誠地信仰玄天上帝。

世界各地不同國家、民族、宗教、信仰，影響着一個國家民族的興衰，故在一個城市、市邑、鄉鎮內興建佛像、耶穌像、廟宇、教堂、道觀等，筆者繼大師認為對於一個國家、城市均影響非常深遠，或許有人說是迷信。但無論如何，它都有它的功能及作用，配合信仰的力量，會令一個國家有所改變，好壞兼有。

但如果是向善道方面前行，對於人心有教化作用，善多惡少，國運必日漸興隆。在壞的方面，有人會利用宗教，騙財偏色，控制人心，詐騙財物。本身國家的信仰不能兼容其他宗教的存在，為宗教而戰爭，國與國之間互相摧毀對方，最後就是一齊滅亡，同歸於盡，這是極為悲哀的一件事。

相信只有中國才能包容「儒、釋、道」三教而並存，西方與中東國家，基督教與回教之戰爭不停，十字軍東征，至現在中東的以色列與鄰近的回教國家，亦經常戰爭，不同的宗教信仰，對於全世界都影響深遠。

寫了那麼多關於宗教信仰的事蹟，筆者繼大師無非想表明一樣東西，就是一個國家的興盛，直接與宗教信仰有着密切的關連，就算是無神論的國家，大部份的政府要員及國人若有大善德在其中，則國運興隆。相反，一個宗教信仰極強的國家，若然其政府要員及大部份國人都是惡事做盡的話，則國家很易滅亡。

其實一個國家的興衰，就是善惡因果作主導，或者很多人覺得這是迷信，不過無論如何，筆者繼大師發覺中國歷史告訴我們一句至理名言，就是：「若要得天下。必須得人心。」這是孝莊皇后說給康熙皇帝的話語。

在**《孟子．離婁上》**云：**「得天下有道。得其民。斯得天下矣。得其民有道。得其心。斯得民矣。」**意思是：要想統治天下，必須要有德行，獲得民眾的支持。

一個國家的興盛。都要符合以下四種原則，筆者繼大師述說如下：

**太上老君造像**
（廣東花都圓玄道觀）

（一）國家首都城市要千里來龍而且得地氣。

（二）政府有良好的統治者，並管治得力，行仁政，有德行。

（三）有廟宇、寺廟、教堂建立在得地氣的穴位上，以護佑國家。

（四）優秀的高尚學府，科學、醫學、文學、法律、經濟、軍事科技建造、藝術、宗教等各樣人才均有。國家人民教育普遍質素高，人才鼎盛。

在清、同治年間，有馬泰青地師著**《三元地理辨惑》**第56問，（上海印書館印行，第63頁。）云：

**「大凡名都巨邑所卜之地，皆是市邑區域內的局部地區風水。**

**第一：要城池得地。**

**第二：要官署合宜**（繼大師註：有良好的管治官員，管治得法。）

**第三：要文廟合式**（繼大師註：都會中有得地氣之廟宇，其地理及建築格式要符合吉祥風水。）

**第四：要書院培養英才**（繼大師註：相等於現代之大學或高科技之教育學院，最好也要建在得地氣之陽宅吉穴上，又能培養出專材去服務社會。）

**第五：要士著人士立志向學，再有學識精純的儒者指教，人們自然文思進步，教育水準提高。**（繼大師註：名都巨邑中的人民有立志向學之心，又能得學問高超之學者教授。）**」**

馬泰青地師言之有理，見解獨到，除風水地理之外，人事亦重要，加上天時，三者缺一不可。

明末清初蔣大鴻地師著**《天元五歌》《第一章》**（見《相地指迷》〈卷之一〉武陵出版社第18頁）云：**「人生本天而親地。地靈原是天靈栽。生時衣食居廈屋。萬寶地產名天祿。由來宅相福生人。帝居皇屋壯京國。……帝王將相莫自豪。各有山川來蔭應。」**

以上最後兩句所說，就是國家將有盛世出現，必有風水大地給予有大福大德之人所葬，然後蔭生皇者及所有參與的當權者，以協同統治天下。而得到地氣的廟宇、教堂或神廟，一定名鎮天下，亦會影響一個國家的運勢，不知各讀者認為如何！

《本篇完》

## （十七）沙田梅子林村（出書版）

香港沙田梅子林村，由大水坑入口進入，地點略為隱蔽，其出水口為富安花園，近城門河側有水坑，沿水坑旁的山坡道名梅子林路，一直往南行，盡處為梅子林村。梅子林在沙田區東部之大水坑上游，其來龍自香港祖山大帽山，經金山山脈東行之九龍山脈、畢架山、獅子山、慈雲山、大老山，然後北偏東行，再經黃牛山、水牛山、石芽山，向北面落脈，為鹿巢山、石芽山與女婆山之間的峽谷之地，東面為馬鞍山。

石芽山前行生出一大圓金形山峰，為梅子林村的祖山，此村過去曾有二至三百人居住，現在只剩下十餘多戶，全村人口不到百人。由於梅子林位處山上，故交通甚為不便。此村為吳氏族人所居，已有約四百多年歷史，全村正靠南方，有一太陽金形星山峰作全村的正後靠山，太陽金星，峰頂端正。

梅子林村後靠太陽金形山峰

山下中間落有一脈，脈上有一吳氏族人祠堂（吳氏宗祠），正靠太陽金星山峰，午山子向，貪狼父母大卦，故向度元運長久。

青龍山有一脈橫行至祠堂正前方，剛剛好過中堂作案山，中堂者即祠堂正中間前方位置，形如一把尖形匕首，又如三角形之凶器，主

梅子林村吳氏宗祠

掌權力官貴之砂，青龍山並非兜抱祠堂，而是橫過作案，故非青龍捲案，只可說是青龍作案。

吳氏祠堂左右有山峰作夾耳，面前有平托，但平托較淺，四山羅城環繞，三閉一空，水口出壬方兼亥位。

據吳氏族人村長所說，該村出了三個博士，一位女檢控官，一位英國領使館職員，全部都是高級知識份子，得這祠堂之巒頭理氣所蔭佑之故。此村人口不多，年青人多已搬離，只剩下老人家居多，個個七八十歲，長壽之地，太陽金形星山峰在正南方，蓋南方為南極仙翁所居之地，壽星之山，主出人長壽，形勢及方位均合吉度之故。

約於2008年戊子歲，村民把七成耕地賣了給一間有機種植公司開發有機農場，其背後正是一間地產公司做幕後老闆，其四周有鐵絲網圍繞，村中人士出入需用鎖匙開門，很不方便。戊子年正是吳氏祠堂的子山向度之年，大運流年行至「子」年，其次行至「申、辰」之年，多有變化。

2024年交至九運，由甲辰年開始共二十年，祠堂到時又會有一翻大轉變。祠堂的向度，正配合了巒頭及理氣的應驗。只要這吳氏祠堂沒有遷拆，必能護佑這梅子林村，看看形勢，地產發展商將會在此村建高級的豪宅村屋，到時又會有很大的變化了。《本篇完》

梅子林村

梅子林村水口砂

## 《大陽居風水秘典》後記

繼大師

本書內容，一至五章是述說都市垣局釋義、陽宅都市內之風水規劃原則、陰陽二宅福力之比較，三種陽宅之地理及村落另類的結作，為此書之第一部份。第二部份由第六章至十四章，屬於陽居平房屋中較為細微深入的部份，有鄉村陽居的擇地、圍村祠堂的建立、陽居之種類及地形的選擇、平房屋的開門秘訣、開門原則、圓拱門的作用、照壁的功能及文昌塔樓的建設等。

本書的最後部份加上《日城、月城、八卦城 —— 城市另類的設計》、《宗教廟宇風水與國家盛衰的關係》、《沙田梅子林村》。將大陽居的風水理論以實例說明及分析，以求達到學以致用的目的。

所有部份，均為大陽居首要的風水法則，三個部份息息相關，雖大部份未能適用於現今之高樓大廈內的室內單位風水設計，但在大陽宅風水的概念及在擇地方面上是相同的，若有機緣，或會繼續寫下去。

高樓大廈內之單位，首要是向度，包括大門向、窗向、房門向、廁所門向、廚房門向及室內如何設計使生氣凝聚等，其中又以屋中心之立極法去分佈九宮八卦，以至廿四山及六十四卦方位等。此等學問，有一些不便寫在書上，恐怕給人誤解而出錯，亦非三言兩語便可道出，這些風水學問，古代只有國師級的風水師始能明白。

筆者繼大師認為識貨之人畢竟太少了，若出書是為了賺錢盈利，那麼不如作炒樓、買賣股票、投機金融等事業，這樣錢財來得更快更易。風水不是紙上談兵之學，必須得明師在現場講解才能明白，祝願具善根而又有緣份的人得之。

寫一偈曰：

陽居風水
得水氣聚
九宮八卦
真訣記取

繼大師寫於香港明性洞天
二〇一〇年十月十七日
二〇二〇年二月一日重修

**榮光園有限公司出版有：**

**繼大師著作目錄**

**正五行擇日系列**

1《正五行擇日精義初階》
2《正五行擇日精義中階》

**風水巒頭系列**

3《龍法精義初階》
4《龍法精義高階》

**正五行擇日系列**

5《正五行擇日精義進階》
6《正五行擇日秘法心要》
7《紫白精義全書初階》
8《紫白精義全書高階》
（附《紫白原本錄要》及八宅詳解）
9《正五行擇日精義高階》
（附日課精解）
10《擇日風水問答錄》

**風水巒頭系列**

11《砂法精義一》
12《砂法精義二》

**擇日風水系列**

13《擇日風水尅應》

**風水文章系列**

14《風水謬論辨正》

**風水巒頭系列**

15《大都會風水秘典》
16《大陽居風水秘典》

**風水古籍註解系列**

17《三元地理辨惑》馬泰青著
（繼大師標點校對）
18《三元地理辨惑白話真解》馬泰青著
（繼大師意譯及註解）

**未出版：**

**大地遊踪系列**

19《大地墳穴風水》
20《風水秘義》
21《風水靈穴釋義》
22《香港風水穴地》
23《中國廟宇風水》
24《香港廟宇風水》
25《港澳廟宇風水》
26《廟宇風水傳奇》
27《大地風水遊踪》
28《大地風水神異》
29《大地風水傳奇》

**風水古籍註解系列**

30《青烏經暨風水口義釋義註譯》
31《管號詩括暨葬書釋義註解》
32《管氏指蒙雜錄釋義註解》
33《千金賦說文圖解註解》
34《雪心賦圖文解義》
（全四冊）（繼大師註解）

---

**三元易盤卦理系列**

35《地理辨正疏解》（線裝書系列）
黃石公傳　赤松子述義　楊筠松著
曾求己著　蔣大鴻註及傳　姜垚註
張心言疏　繼大師註解
36《三元地理命卦精解》（線裝書系列）
37《地理辨正精華錄》（線裝書系列）

**風水明師史傳系列**

38《風水祖師蔣大鴻史傳》
（線裝書系列）
39《三元易盤風水地師呂克明傳》
（線裝書系列）

# 榮光園有限公司出版

## 新書預告（將於二〇二二年底出版）

### 三元易盤卦理系列

《地理辨正疏》繼大師註解（線裝書系列）

黃石公傳　赤松子述義　楊筠松著

曾求己著　蔣大鴻註及傳　姜垚註

張心言疏　繼大師註解

《地理辨正精華錄》繼大師著（線裝書系列）

## 榮光園有限公司簡介

榮光園以發揚中華五術為宗旨的文化地方，以出版五術書籍為主，首以風水學，次為占卜學，再為擇日學。

風水學以三元易卦風水為主，以楊筠松、蔣大鴻、張心言等風水明師為理氣之宗，以形勢「巒頭」為用。占卜以文王卦為主，擇日以楊筠松祖師的正五行造命擇日法為主。

為闡明中國風水學問，用中國畫的技法劃出山巒，以表達風水上之龍、穴、砂及水的結構，以國畫形式出版，亦將會出版中國經典風水古籍，加上插圖及註解去重新演繹其神韻。

日後榮光園若有新的發展構思，定當向各讀者介紹。

## 作者簡介

出生於香港的繼大師，年青時熱愛於宗教、五術及音樂藝術，八七至九六年間，隨呂克明先生學習三元陰陽二宅風水及正五行擇日等學問，於八九年拜師入其門下。

# 風水巒頭系列 — 大陽居風水秘典

出版社 ： 榮光園有限公司 Wing Kwong Yuen Limited
香港新界葵涌大連排道35-41號, 金基工業大厦12字樓D室
Flat D, 12/F, Gold King Industrial Building,
35-41 Tai Lin Pai Road, Kwai Chung, N.T., Hong Kong
電話 ： ( 852 ) 6850 1109
電郵 ： wingkwongyuen@gmail.com

發行 ： 聯合新零售(香港)有限公司 SUP RETAIL (HONG KONG) LIMITED
地址 ： 香港新界荃灣德士古道220～248號荃灣工業中心16樓
16/F, Tsuen Wan Industrial Centre, 220-248 Texaco Road, Tsuen Wan, NT, Hong Kong
電話 ： (852) 2150 2100
電郵 ： info@suplogistics.com.hk

印刷 ： 榮光園有限公司 Wing Kwong Yuen Limited
作者 ： 繼大師
電郵 ： masterskaitai@gmail.com
網誌 ： kaitaimasters.blogspot.hk

版次 ： 2021年7月 第一次版
定價 ： HK$368



ISBN 978-988-79095-5-2

ISBN 978-988-79095-5-2